中小学STEAM课程

基于 3D 打印的综合实践活动

（初中）

人教数字教育研究院　编

·广州·

图书在版编目（CIP）数据

基于 3D 打印的综合实践活动．初中 / 人教数字教育研究院编．—广州：华南理工大学出版社，2019.6
（中小学 STEAM 课程 / 王志刚主编）
ISBN 978-7-5623-5947-0

Ⅰ．①基…　Ⅱ．①人…　Ⅲ．①立体印刷 – 印刷术 – 初中 – 教材　Ⅳ．① G634.671

中国版本图书馆 CIP 数据核字（2019）第 044960 号

Jiyu 3D Dayin De Zonghe Shijian Huodong（Chuzhong）
基于 3D 打印的综合实践活动（初中）
人教数字教育研究院　编

出 版 人：卢家明
出版发行：华南理工大学出版社
（广州五山华南理工大学 17 号楼，邮编 510640）
http://www.scutpress.com.cn　E-mail: scutc13@scut.edu.cn
营销部电话：020-87113487　87111048（传真）
总 策 划：卢家明
执行策划：袁　泽
责任编辑：袁　泽　欧建岸
印 刷 者：广州市新怡印务有限公司
开　　本：889mm×1194mm　1/16　印张：12.25　字数：354 千
版　　次：2019 年 6 月第 1 版　2019 年 6 月第 1 次印刷
定　　价：38.00 元

版权所有　盗版必究　印装差错　负责调换

《基于 3D 打印的综合实践活动》

编 写 委 员 会

顾　　问：杨永强　黄海旺　张劲松　金新喜　张　蓓
主　　编：王志刚
执行主编：沙　沙
编写成员：李凯波　王杰宇　饶小锋　吴慧云　邹志宇
　　　　　浦仕毕　张　驰　许世勇　熊钰岚　郭锦华
　　　　　区杏芳

致同学们

同学们，欢迎大家使用本教材，希望它能帮助你们更好地完成这门课程的学习。

这是一门跨学科课程，通常称为 STEAM 课程。与同学们以前学过的数学、语文、地理等学科不同的是，这门课程将科学（science）、技术（technology）、工程（engineering）、人文艺术（arts）、数学（mathematics）等多个学科的内容综合在了一起。STEAM 就是这五个学科英文首字母的组合。在学习过程中，同学们将体会到这门课程比一般学科更注重探究、体验的过程，并通过一个个学习任务将要学习的知识和技能融合在一起。

3D 打印是贯穿于这门课程各个单元的一种现代技术，也是同学们在本课程中要学习的主要内容之一。3D 打印技术出现在 20 世纪末期，是一种有着广泛应用价值的新技术。3D 打印是现代信息技术与传统工业制作技术的结合，能够方便地制作出各种形状复杂的物体。学习 3D 打印，既可以让同学们亲身体会现代工业发展的新技术、新趋势，又可以利用 3D 打印帮助同学们将各种创意设计转化为现实的物品。

本教材共有 15 个单元，每个单元的学习活动都以用 3D 打印来制作物品为活动目标。要做出这些物品，同学们不仅要学习相关的知识、掌握制作技能，还要学习怎样综合运用知识、技能和工程方法来解决问题。在一些单元的学习中，同学们还要发挥自己的想象力和创造力，完成一些创意设计和创新制作。教材中有许多单元，是以中国传统文化、中国古代科技为背景的，运用 3D 打印技术，同学们可以在设计和制作中更深入地学习和体会我国古代智慧。在小组合作探究的学习活动中，同学们还要体会和思考在一个技术工程性项目中应该如何与同组的其他同学开展合作，怎样才能更有效地完成工程目标。

本教材的各单元中，设有情景导入、学习活动（2~3 个）、学习评价、拓展提升等模块。情景导入以生活实际或中国古代科技、文化作为背景，引出单元的制作主题，并列出本单元需要最终完成的造物成果，以及在学习活动中需要探究、体验的主要学习目标。学习活动用于指引同学们分步完成学习过程。学习活动的具体内容包括知识学习、科学探究、设计制作等类型，其中还设有工程规划、测量与估算、3D 设计、打印制作、试一试、创意提升、想一想、比一比等小栏目。学习评价是完成一个单元的学习后，帮助同学们对学习结果进行评估的模块。评估方式包括自测题、小组自评、组间互评、工程报告等。拓展提升是同学们根据所学知识进行研究探索、创新创造的活动内容。

下面，就请同学们随着教材开始学习体验吧。

目 录

第一单元　认识 3D 打印 ……………………………………………………… **1**
　　活动 1　认识熔融沉积 3D 打印技术 ………………………………………… 3
　　活动 2　观察 3D 打印过程及打印初尝试 …………………………………… 5
　　活动 3　了解及实践 3D 打印如何处理"悬空"的部分 …………………… 7

第二单元　设计和制作读书架 ………………………………………………… **15**
　　活动 1　了解支架中的重心与支撑面的关系 ………………………………… 17
　　活动 2　设计制作一个读书架 ………………………………………………… 18

第三单元　设计和制作笔帽 …………………………………………………… **27**
　　活动 1　认识笔帽 ……………………………………………………………… 29
　　活动 2　制作笔帽 ……………………………………………………………… 31

第四单元　设计和制作被中香炉与常平架 …………………………………… **41**
　　活动 1　认识被中香炉 ………………………………………………………… 43
　　活动 2　制作被中香炉 ………………………………………………………… 43
　　活动 3　认识和制作常平架 …………………………………………………… 47

第五单元　设计和制作公道杯 ………………………………………………… **55**
　　活动 1　认识虹吸现象 ………………………………………………………… 57
　　活动 2　制作公道杯 …………………………………………………………… 58

第六单元　设计和制作印章 …………………………………………………… **67**
　　活动 1　认识印章 ……………………………………………………………… 69
　　活动 2　制作自己的印章 ……………………………………………………… 70

第七单元　设计和制作螺丝 ········· 81
活动 1　认识螺丝 ········· 83
活动 2　制作螺栓和螺母 ········· 85

第八单元　设计和制作榫卯结构家具 ········· 95
活动 1　认识和制作鲁班锁 ········· 97
活动 2　制作榫卯结构的八仙桌 ········· 100

第九单元　设计和制作花瓶 ········· 107
活动 1　认识花瓶 ········· 109
活动 2　制作花瓶模型 ········· 111

第十单元　了解和制作日晷 ········· 119
活动 1　了解日晷的工作原理与结构 ········· 121
活动 2　制作日晷模型 ········· 123

第十一单元　设计和制作齿轮 ········· 129
活动 1　认识齿轮 ········· 131
活动 2　制作齿轮模型 ········· 134

第十二单元　设计和制作梁架桥 ········· 143
活动 1　认识桥梁 ········· 145
活动 2　制作简支梁桥模型 ········· 147

第十三单元　设计和制作龙舟模型 ········· 153
活动 1　认识龙舟 ········· 155
活动 2　制作龙舟模型 ········· 156

第十四单元　设计和制作自行车模型 ········· 163
活动 1　认识自行车 ········· 165
活动 2　制作自行车模型（普通自行车） ········· 167

第十五单元　设计和制作电动小车 ········· 177
活动 1　认识电动汽车 ········· 179
活动 2　制作一辆四轮电动小车 ········· 182

第一单元　认识 3D 打印

　　3D 打印是 21 世纪对全球制造业影响最大的新兴技术之一。在本单元，我们将初步学习什么是 3D 打印、了解 3D 打印的历史及认识 3D 打印的基本原理，初步知道 3D 打印能做些什么，并试着自己操作 3D 打印机制作一些简单实用的小物品。

情景导入

请同学们观察下面这些好看的模型，你能看出来它们是如何制作的吗？这些模型不但构造复杂，做工精致，甚至有些模型是可以活动的。在以前，制作一个这样复杂的模型，往往需要花费工匠几个月、几年甚至更长的时间。而在今天，随着3D打印技术的诞生，这样复杂的模型的制作难度大大降低，制作时间被极大缩短了，有些甚至只需要几个小时到几天的时间。

从今天开始，我们就要开始学习3D打印技术，学会初步使用这项技术来制作一些用常规方式不易完成的模型作品。接下来，就让我们开始学习和体验这种新技术吧。

学习任务

1. 了解3D打印技术原理；
2. 理解熔融沉积3D打印技术原理；
3. 尝试亲自3D打印一下曲别针或钥匙扣；
4. 知道怎样处理3D打印中的"悬空"部分。

活动 1　认识熔融沉积 3D 打印技术

一、3D 打印及发展历史

3D 打印技术（three-dimensional printing technology）是一系列快速原型成型技术的统称，它以数字模型文件为基础，运用可粘合材料，通过逐层打印的方式来构造物体。该技术是一种从无到有的增材制造方法，基本原理都是叠层制造。

目前的 3D 打印技术通常是通过使用数字技术材料打印机来实现的。这种技术常在模具制造、工业设计等领域被用于制造模型，后逐渐用于一些产品及零部件的直接制造。该技术目前在建筑、汽车、航空航天、医疗卫生和教育等领域应用较多。3D 打印是目前唯一可实现全自动化、无废料、可定制、成型几何形状不受工艺限定的制造方式，被普遍认为是"工业 4.0"的核心技术方向之一，英国《经济学人》杂志则认为"它将与其他数字化生产模式一起推动实现第三次工业革命"。我国对 3D 打印技术也表现出足够的重视，在"中国制造 2025"规划中将其作为代表性的新兴技术，占有重要位置。

从 20 世纪 80 年代到今天，3D 打印技术走过了一条漫长的发展之路。3D 打印技术得思想起源于 19 世纪末美国一项分层构造地貌地形图的专利，并在 20 世纪 80 年代得以发展与推广。1988 年美国的 3D Systems 公司生产出了第一台 3D 打印装备 SLA250，开创了 3D 打印技术发展的新纪元。我国从 20 世纪 90 年代初开始 3D 打印技术研发，以华中科技大学研制的分层实体制造装备（LOM）和选择性激光烧结成型装备 (SLS)、西安交通大学的光固化成型装备 (SL)、北京航空航天大学的激光快速成型装备以及清华大学的熔融层积成型装备（FDM）最具代表性。

目前，3D 打印技术在业界还没有形成一个明确的分类，但根据所用材料的状态及成型方法大致可以划分为熔融沉积 3D 打印、激光硬化 3D 打印、激光烧结 3D 打印等几类。其中熔融沉积型式的 3D 打印技术由于其操作难度较小、技术成熟度高、成本较低、打印速度较快等优点，成为目前使用范围最广的一种 3D 打印技术。我们在本课程主要学习和使用熔融沉积 3D 打印技术。

二、熔融沉积 3D 打印技术

熔融沉积 3D 技术是以丝状的聚乳酸（PLA），丙烯腈-丁二烯-苯乙烯（ABS）等热塑性材料为原料，通过加工头的加热挤压，在计算机的控制下逐层堆积，最终得到成形的立体零件。具体来说，就是将一个几何体按一定的厚度分解为若干个同样高度的薄板。通过这样的方式，那些结构复杂的几何形状，就可以分解成相对比较简单的薄板形状。然后，再将这些薄板拼合起来"分层聚合"，就组成了我们想要的图形。

举例来说，假如我们想制作一个两头粗中间细的圆柱形物体，图 1-1 是其轴截面，显然其轴截面的曲面部分是制作中最难以处理的部分。采用"分层聚合"的思路后，我们可以将这个圆柱形物体从下到上地切分为若干个薄片，每一个薄片实际都是一个高度很小的圆柱体。我们将许多个不同大小的圆柱体垒叠在一起后，其轴截面就近似地组成了图 1-2 的形状。

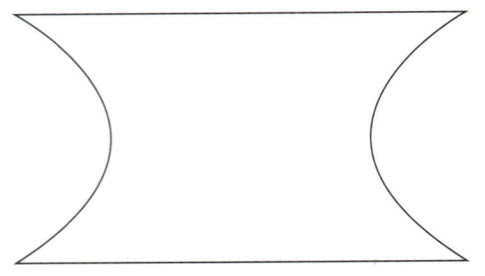
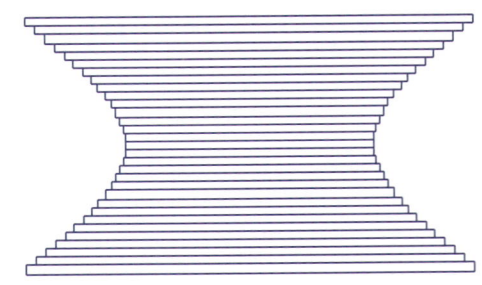

图 1-1　要制作物体的轴截面　　　　　　图 1-2　分层聚合后的轴截面

通过这种"分层聚合"的方法,我们就将一个比较复杂的几何图形分解为我们熟悉的圆柱体。这种处理方式在工程技术领域称为"微元法"(严格来说是微元法的一种形式)。这里体现了在科学技术领域研究中的一种基本思路:转换。分层后的小薄片,实际上可以看作是一种带有一定厚度的平面图形。请同学们回忆一下,小学数学我们学习圆的面积时,是不是也曾经用到了一种类似的办法?(图1-3)

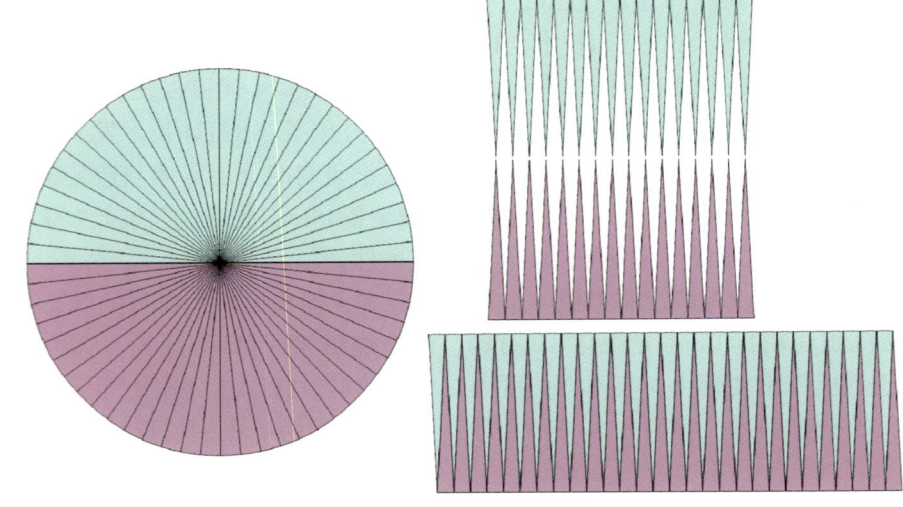

图 1-3　圆的面积公式推导中的"微元法"思路

这样,一个复杂的三维立体图形就可以被转换为一组有厚度的平面图形来制作了。在3D打印机中,计算机和3D打印设备就是通过制作一系列这种有"一定厚度的平面图形",让它们聚合在一起的方式来实现各种三维图形的制作。

使用"分层聚合"方法时,层分得越多,每个小薄片的厚度越小,那么聚合后的形状就越接近原来的图形。对比图1-4所示不同厚度的薄片所组成的图形,不难看出:当每层的厚度较大时,聚合形成的图形与原图形相差较大;反之,每层厚度较小时,聚合形成的图形与原图形非常接近。

在实际使用3D打印制作一个图形时,我们可以通过软件将3D模型图形进行切片转化,使之成为可以被打印的一组薄片,这里我们要用到的软件就是"切片软件"。在后面的实际打印过程中,加热喷头在计算机的控制下,根据要打印的几何图形的分层情况,在一个平面上进行打印。热塑性丝状材料由供丝设备送至热熔喷头,并在喷头中加热和熔化成熔融态,然后被挤压出来,有选择性地逐层涂覆在工作台上。一层薄片成型完成后,再叠加第二层,直至将所有分层出来的薄片制作完成。

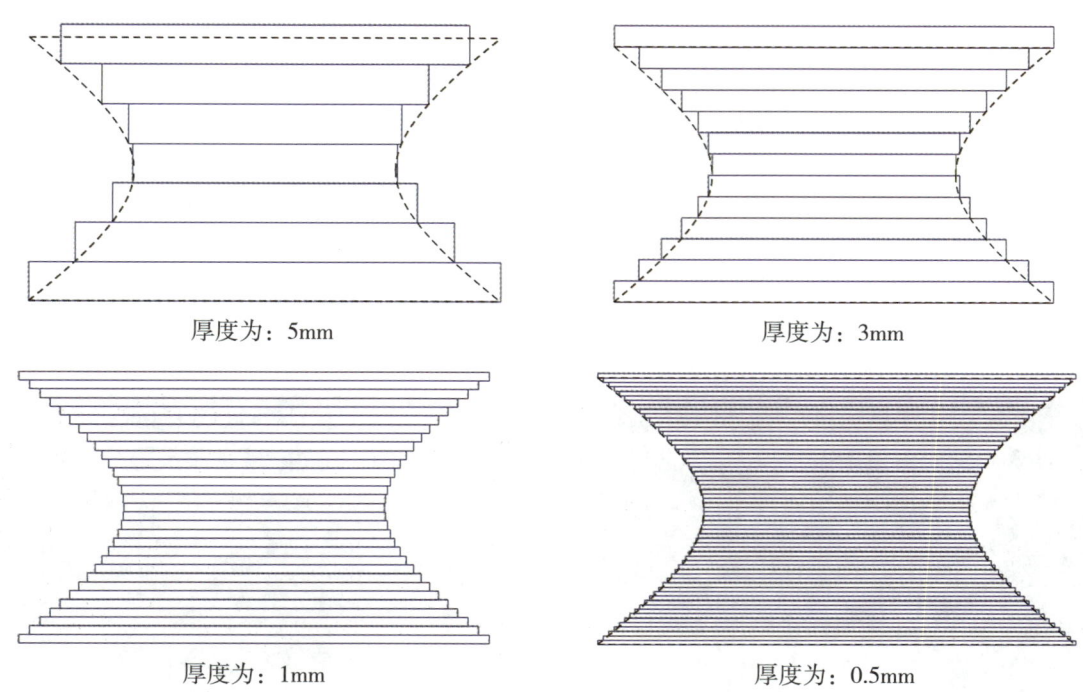

厚度为：5mm　　　　　　　　厚度为：3mm

厚度为：1mm　　　　　　　　厚度为：0.5mm

图 1-4　不同厚度的"薄片"聚合后的比较

活动 2　观察 3D 打印过程及打印初尝试

观察打印

由老师操作 3D 打印机，打印制作带小鸟的曲别针或钥匙扣。在 3D 打印机开始工作后，我们可以透过 3D 打印机的罩子观察 3D 打印的过程：逐层打印是如何具体实现的？

◆ 注意观察 3D 打印的过程，数数制作一个曲别针（图 1-5）或钥匙扣（图 1-6）一共打印了多少层？

◆ 统计一下打印一个曲别针或钥匙扣需要多长时间？

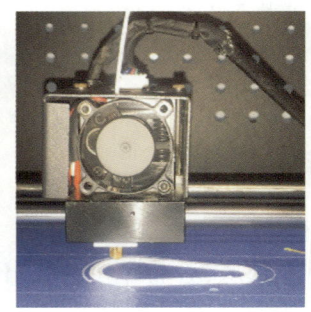

图 1-5　曲别针的打印过程　　　　　　　　图 1-6　钥匙扣的打印过程

注意！3D打印机在打印过程中的喷头温度高达200℃，严禁在打印过程中打开机箱盖和在打印后碰触喷头！

注意观察：老师在3D打印机上进行操作的步骤如下（以下步骤针对有切片功能的3D打印机）：

（1）将存有曲别针或钥匙扣3D模型文件的U盘插入3D打印机。

（2）在3D打印机的操作界面中选择开始打印（图1-7）。

（3）在操作界面中选择U盘，并将曲别针或钥匙扣的3D模型文件（STL文件）加载到3D打印机（图1-8）。

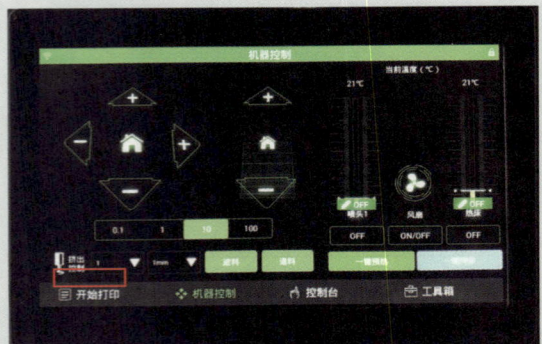

图1-7 在主界面中选择开始打印

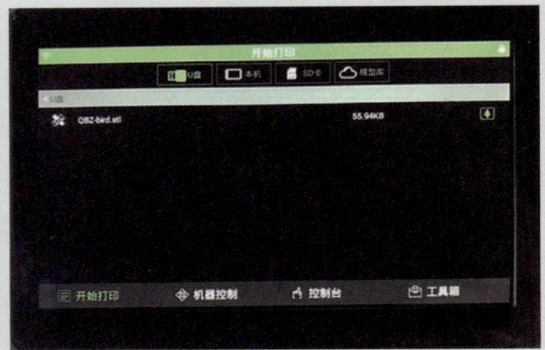

图1-8 将3D模型加载到3D打印机

（4）加载完成后，在操作界面中进行3D模型的分层切片，在参数设置界面中，可使用默认参数进行打印。推荐使用层厚0.2 mm、壁厚1.2 mm、填充密度20%、无支撑材料的参数设置（图1-9）。

（5）在切片完成后的界面再次点击"确定"，开始正式的3D打印过程（图1-10）。

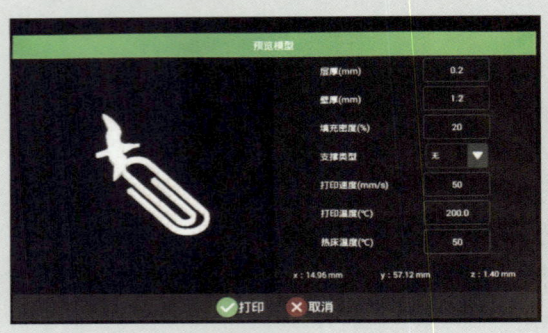

图1-9 参数设置界面

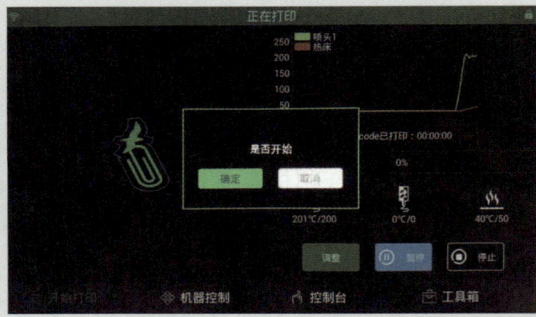

图1-10 3D模型完成切片后确定打印

（1）打印结束后，请老师从3D打印机中取出打印好的物品。同学们观察并试着使用一下曲别针或钥匙扣，直观感受一下这种3D打印物品的材质。注：钥匙扣的缺口部分可能有一些粘连，请老师用剪子或钳子将接口处剪开，钥匙扣就可以使用了。

（2）以小组为单位，试着按老师教的步骤自己打印一下曲别针或钥匙扣。

第一单元 认识3D打印

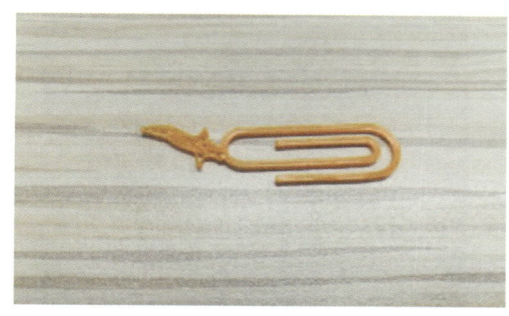

图 1-11　3D 打印的曲别针和钥匙扣成品

活动 3　了解及实践 3D 打印如何处理"悬空"的部分

了解观察

观察完逐层实现的 3D 打印过程后,你有没有这样的想法呢:如果图形中有如图 1-12 的"悬空"部分,那么在逐层打印过程中,熔融状态材料在凝固前不就掉下去了吗?怎样才能实现这种三维图形的打印呢?

类似图 1-12 这样的形状,在生产、生活活动中还是比较常见的,发明和研究 3D 打印的科学家和工程师们也早已想出了对策。利用支撑材料来处理"悬空"部分就是解决思路之一(图 1-13)。在开始打印前,3D 打印的切片软件可以为 3D 模型自动生成一些用于支撑"悬空"部分的支撑材料,这些支撑材料保证了打印过程中所有部分都不"悬空"(图 1-14)。在结束打印后,这些支撑材料可以手工去掉(图 1-15)。

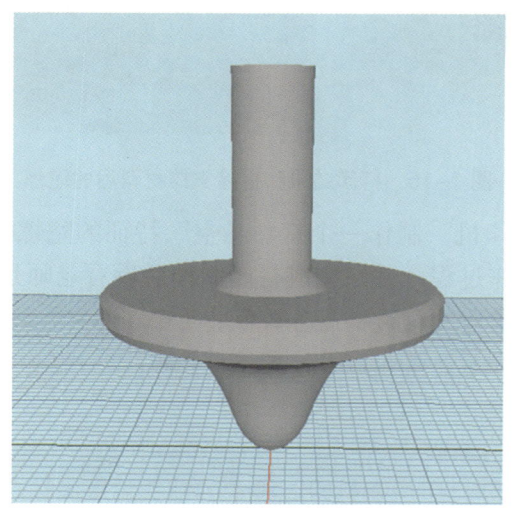

图 1-12　陀螺

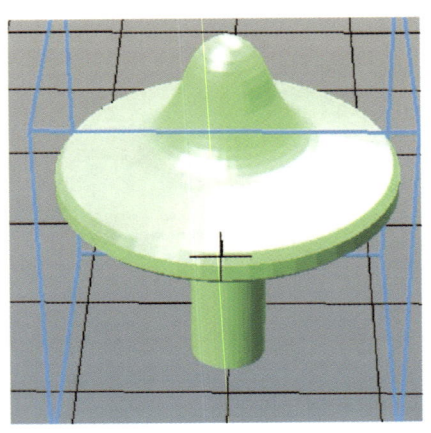
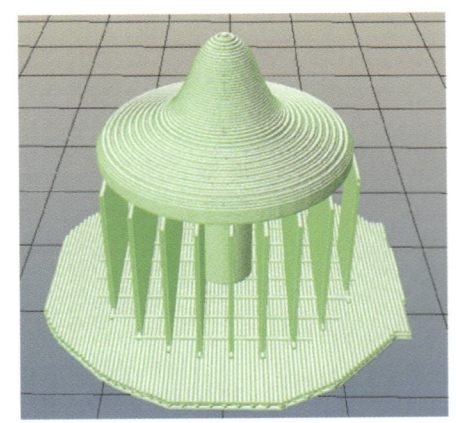

图 1-13　用支撑材料处理"悬空"的问题

图 1-14　通过支撑材料打印陀螺过程

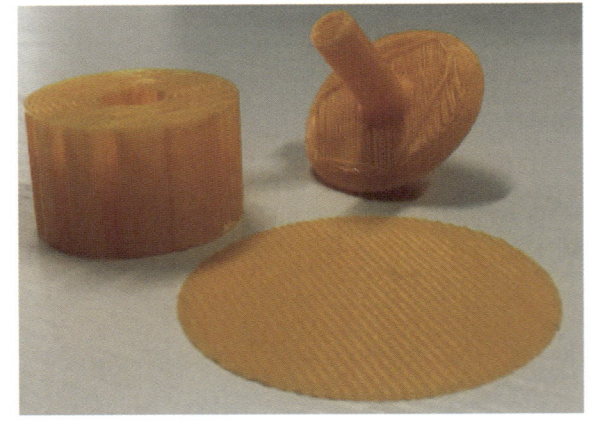

图 1-15　打印结果和拆除支撑材料后的陀螺

下面，由老师操作 3D 打印机，制作一个有"悬空"特征的陀螺模型。在打印过程中，我们来观察一下 3D 打印机的打印制作过程，并在完成打印制作后看看老师是如何处理打印成品的。

◆注意观察打印的过程，看看支撑材料是怎么帮助处理"悬空"问题的？

◆注意观察老师在结束打印后，是如何去掉支撑材料的？

注意！3D 打印机在打印过程中的喷头温度高达 200℃，严禁在打印过程中打开机箱盖和在打印后碰触喷头。

注意观察： 老师在3D打印机上进行操作的步骤如下（以下步骤针对有切片功能的3D打印机）：

（1）将存有陀螺3D模型文件的U盘插入3D打印机。

（2）在3D打印机的操作界面中选择开始打印。

（3）在操作界面中选择U盘，并将陀螺的3D模型文件（STL文件）加载到3D打印机。

（4）加载完成后，在操作界面中进行3D模型的分层切片，在参数设置界面中，可使用默认参数进行打印。这里需要使用层厚0.2 mm、壁厚1.2 mm、填充密度20%、有支撑材料的参数设置（图1-16）。

（5）在切片完成后的界面再次点击"确定"，开始正式的3D打印过程（图1-17）。

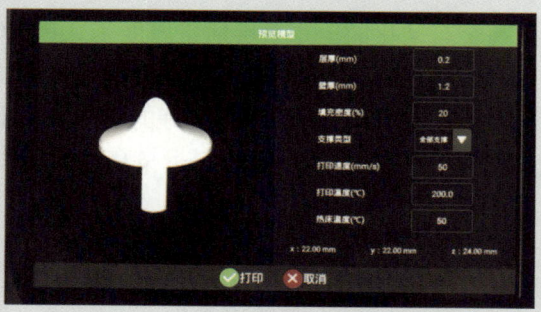

图1-16 参数设置界面

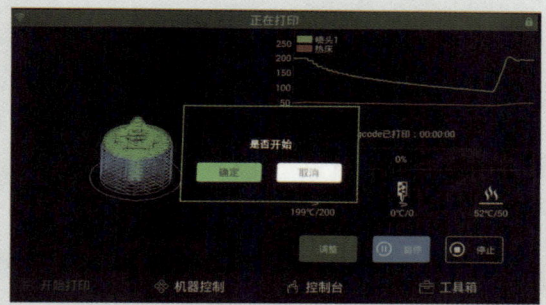

图1-17 切片后可以看到支撑部分

（1）打印结束后，请老师从3D打印机中取出打印好的物品。同学们观察并试着使用一下陀螺，直观感受一下这种3D打印物品的材质。

（2）以小组为单位，试着按照老师教的步骤打印一下陀螺。

归纳小结

用 3D 打印方式进行制作的基本步骤

1. 3D 建模

生成 stl 文件：将建好的模型文件转换到 STL 模板。STL 是标准曲面细分语言（standard tessellation language）的英文缩写，供立体光固化成型设备使用。

2. 将模型分层切片

使用软件将 3D 模型文件转换成 3D 打印机动作数据。同时对 3D 打印机进行设置，即根据不同机器的型号对打印设置进行调整。

3. 3D 打印机进行逐层打印

3D 打印机的打印过程几乎是全自动化的。每一层通常厚度是 0.1～0.3mm，根据物体的大小、使用材料及打印机本身，每一层厚度也会有略微的变化，打印过程可能会持续数小时到数天不等。在打印过程中要定期检查进度，确保无误。打印之后，将打印好的物体从机器中取出来。取出时需要采取相应的保护措施避免对人身造成伤害，例如，戴上手套，远离高温的物体表面。

 对有切片功能的 3D 打印机来说，步骤 2 模型分层切片和步骤 3 逐层打印是可以一起完成的。

4. 作品后期处理

许多 3D 打印机打印出的模型需要做一些后期处理，包括刷去所有的残留粉末、冲洗产品以除去水溶性的支撑结构、打磨或上色等。有一些材料需要时间硬化，所以刚打印出来的物品是十分脆弱的。因此，我们要加倍小心以确保它不被破坏。

3D 打印可简化为如图 1-18 所示的基本操作步骤。

图 1-18 用 3D 打印方式进行制作的基本步骤

以小组为单位选出代表，向其他小组介绍一下本组制作的过程及成品。介绍自己小组在制作过程及结果的表现、优点、不足。

同时，也要认真聆听其他小组的介绍，看一看其他小组的制作成果有哪些特点。对比一下本组的作品，看看谁做的更好。

1. 自测题

（1）图1-19的图形是一个比较复杂的三维几何图形，尝试对它的正视图进行分层。

图1-19

（2）图1-20是门框的3D模型，小明认为打印这个图形必须要用支撑材料，小刚却认为不用支撑材料也可以打印。你认为他们谁说的对呢？

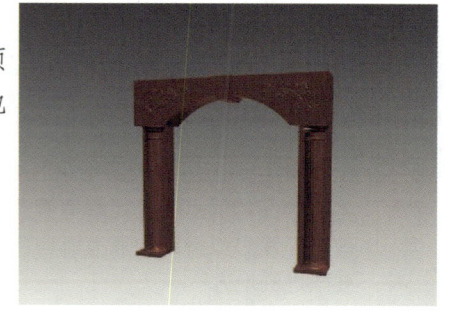

图1-20

2. 小组自评

序号	评分项目及标准（满分100分）	等级 A	等级 B	等级 C	自我评分	教师评分
1	态度与纪律（15分）	参与态度积极、遵守纪律（11～15分）	参与态度一般，较遵守纪律（6～10分）	参与态度不好，不遵守纪律（1～5分）		
2	清楚"3D打印"的内涵（10分）	通过学习、展示及成品质量等来证明达到熟悉的程度（8～10分）	通过学习、展示及成品质量等来证明达到一般的程度（5～7分）	通过学习、展示及成品质量等来证明还不太熟悉（1～4分）		
3	理解3D打印中"分层聚合"的基本原理（15分）	通过学习、展示及成品质量等来证明达到熟悉的程度（11～15分）	通过学习、展示及成品质量等来证明达到一般的程度（6～10分）	通过学习、展示及成品质量等来证明还不太熟悉（1～5分）		
4	了解支撑材料的作用，并用3D打印制作简单部件（15分）	通过学习、展示及成品质量等来证明达到熟悉的程度（11～15分）	通过学习、展示及成品质量等来证明达到一般的程度（6～10分）	通过学习、展示及成品质量等来证明不太熟悉（1～5分）		

续上表

序号	评分项目及标准（满分100分）	等级A	等级B	等级C	自我评分	教师评分
5	展示解说（15分）	解说详细、流畅、自信（11～15分）	解说详细度、流畅度、自信度一般，声音较小（6～10分）	解说过于简单、不流畅、缺乏自信，声音小（1～5分）		
6	创意设计（15分）	在二次设计中有自己的优良创意改造，可行性强（11～15分）	在二次设计中有一定的创意改造，可行性一般（6～10分）	在二次设计中很少或没有创意改造，可行性差（1～5分）		
7	分工合作与沟通（15分）	小组成员分工明确并实施优秀，成员间沟通良好（11～15分）	小组成员分工一般，有部分职责或人员分工没考虑到，实施一般，成员沟通一般（6～10分）	小组成员分工简单，许多职责或人员分工没考虑安排，实施较差，成员沟通不良（1～5分）		
8	小计					
总结与反思	从外形、创意、实用等角度评估一下本小组制作出的作品。与其他组的作品比，本组作品的优点和不足都有哪些？如何改进？反思成员间沟通有哪些问题和需要改进的地方？					

3. 组间互评

序号	评价项目	填写评价内容
1	其他小组完成作品中，你认为哪个小组的实用性能最好？	
2	你认为哪个小组完成的作品最美观、最具创意？	
3	你认为其他小组完成的作品有哪些优点是值得本组学习和借鉴的？	

认识3D打印机的基本结构

在学习和体验过3D打印的基本原理和过程后，我们可以来简单了解一下3D打印机是由哪些主要构件组成的。

1. 打印机喷头（图1-21）

打印机喷头是3D打印机的一个重要组成部分，起到加热融熔打印材料及出丝的作用，在喷头允许的出丝范围内，可根据打印要求调整喷头的出丝大小。喷头的精度决定着一台机器的打印精度，同时也是判断打印机打印过程是否顺畅的标准。

图1-21　打印机喷头

2. 挤出器（图1-22）

挤出器也叫进丝机，通过电机的转动把打印材料送入喷头。挤出器也可以通过电机的转动将打印材料远离喷头，这个逆过程叫退丝。

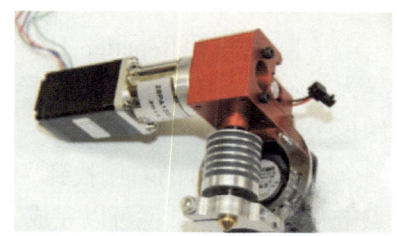

图1-22　挤出器

3. 打印平台（图1-23）

打印平台起到支撑及承载打印物体的作用，用喷头加热出来的3D打印材料根据打印要求在该平台上成型。根据打印材料的不同，打印平台的温度也有所变化。对于ABS材料，打印平台的温度建议设定在100～110℃；对于PLA材料，打印平台温度建议设定在30～60℃，或者常温。

图1-23　打印平台

4. X、Y、Z轴（图1-24）

X、Y轴是一个水平运动装置，其采用皮带传动方式，喷头安装在X、Y轴上，通过X、Y轴的水平运动，从而实现喷头在水平方向的前后、左右运动。Z轴是一个垂直运动装置，采用丝杆传动方式。打印平台安装在Z轴上，通过Z轴的垂直运动，从而实现打印平台垂直方向的上下运动。3D打印机就是通过喷头的水平运动及打印平台的垂直运动，从而实现三维打印。

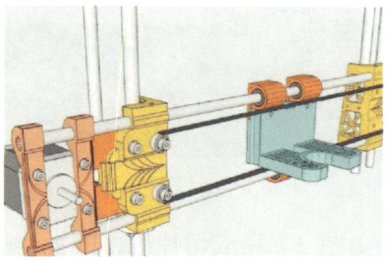

图1-24　X、Y、Z轴

5. 3D打印材料（图1-25）

3D打印材料主要有ABS、PLA及PVA三种。ABS材料是一种树脂材料，价格便宜，熔点在205～240℃；PLA材料是一种新型生物可降解环保材料，熔点在190～210℃；PVA材料是一种水溶性高分子聚合物，性能介于塑料和橡胶之间，多用于打印支撑。

图1-25　3D打印材料

6. 控制面板、显示屏（图1-26）

这个部件并不是所有型号的3D打印机都包含的，一般3D打印机会将控制软件整合到PC端。而对于包含控制面板的3D打印机，控制面板和显示屏是它的人机交互部件，通过操作控制面板，可以进行相关的打印设置及打印操作，同时通过显示屏输出相对应的操作信息。

7. SD卡槽/USB接口

3D打印机一般支持在线打印及脱机打印两种打印方式。采用脱机打印方式时，需要将打印模型的gcode文件保存在SD卡或U盘上，然后将SD卡插到3D打印机的SD卡槽，或者将U盘插入到USB接口上，再进行相关打印操作。

图1-26　3D打印机的控制面板

小提示 有一些3D打印机不带有对3D图形进行切片处理的功能。使用这样的3D打印机时，我们就需要先在计算机上完成对3D图形的切片，然后再将切片后形成的3D打印文件（一般是后缀为gcode的文件）输入进3D打印机，进行打印制作。

现在我们以Repetier-Host软件为例，简单介绍一下对3D模型进行切片的步骤。

（1）在打开Repetier-Host软件后，点击工具栏中的"载入"，将要切片的3D图形文件（stl文件）导入Repetier-Host软件中。导入后，我们就可以在Repetier-Host软件的主窗口中看见要切片的3D图形了（图1-27）。

（2）在软件的右侧找到"切片软件"标签并点击，可以看到3D打印的设置参数。设置好参数后，点击"开始切片"就可以完成3D图形切片的步骤（图1-28）。

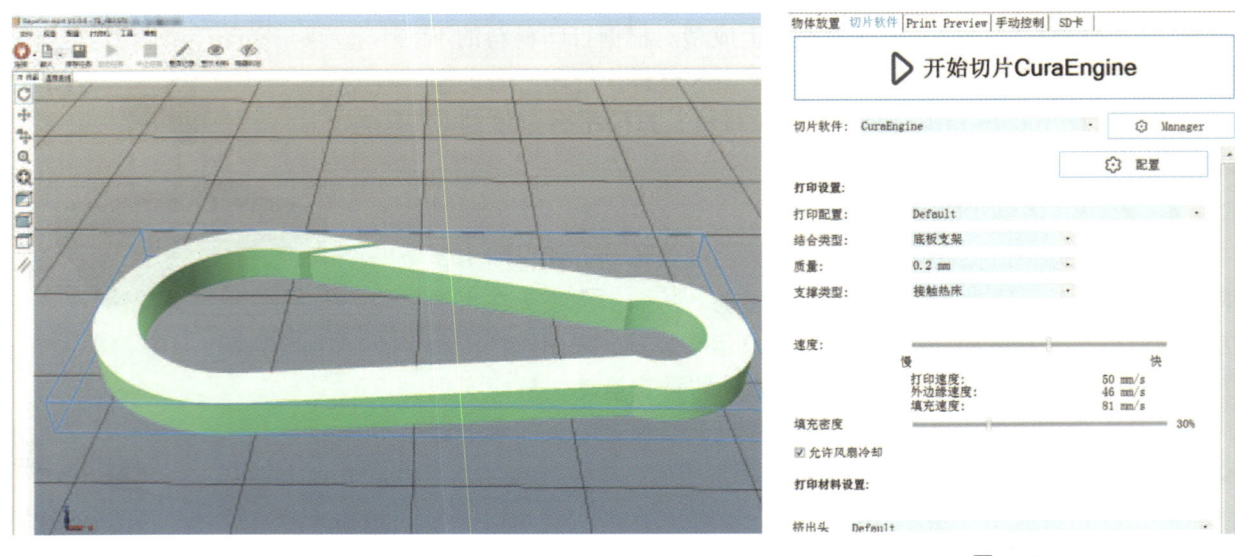

图1-27　　　　　　　　　　　　　　　　图1-28

（3）完成切片后，Repetier-Host软件的主窗口中会呈现出切片后的3D图形，在右侧点击"预览"标签，可以分层观察3D图形并了解3D打印的时间、层数、耗材数量等信息（图1-29）。

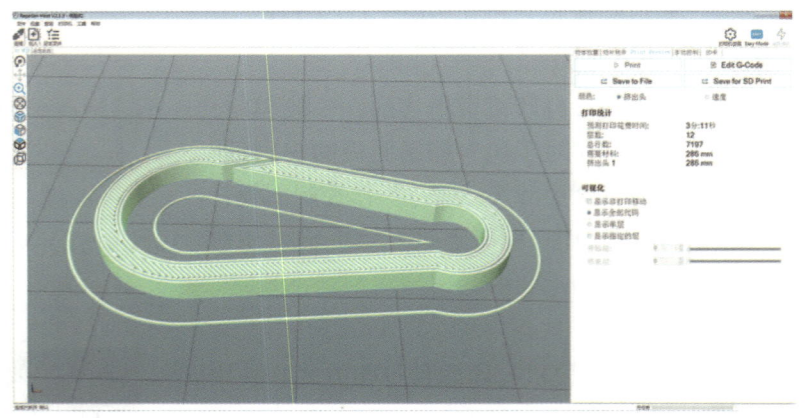

图1-29　完成切片

（4）最后，我们可以点击上方工具栏中的"保存任务"，将切片后的结果保存为一个gcode文件。通常，不带有切片功能的3D打印机可以读取这类gcode文件的内容进行打印。

第二单元　设计和制作读书架

本单元的主题是设计制作一个读书架。同学们要初步学习如何运用科学方法以及 3D 打印技术制作一个具有实用价值的小物品。设计和制作读书架的过程中需要用到直尺、3D 建模软件、3D 打印机、砂纸等工具。

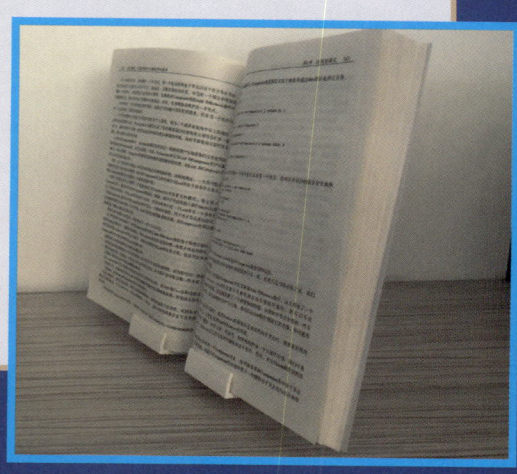

基于3D打印的综合实践活动（初中）

情景导入

　　李雷同学最近在学习如何使用3D打印技术制作物品，但是他遇到了一个难题：在学习使用3D打印的时候，一边要阅读和参考教材，一边又要上机操作，两只手几乎要忙不过来了。在这种情况下，李雷同学忽然想到，如果能制作一个大小合适的读书架，就可以在操作计算机的同时更加便利地翻阅教材了。

　　读书架又称为阅读架，是一种可以将打开的图书置于架上，并且保持图书处于打开状态的一个支架。右图中是几种常见的读书架样式。读书架的结构比较简单，一般来说包括：用于支撑的支脚或底座、用于支撑图书的背板或背架、用于保持图书处于打开状态的卡槽等三个部分。

　　采用3D打印技术设计和制作这样一个读书架要解决的关键问题包括以下三点：

　　（1）在原理上，如何保证图书放置在架上之后，书和架不发生倾倒；

　　（2）在设计上，怎样将一个读书架的3D模型调整为我们想要的大小；

　　（3）在制作上，怎样将一个读书架的3D模型通过3D打印机制作成一个读书架实物。

　　本单元我们就来学习一下怎样设计和制作出一个具有实用性的读书架吧。

学习任务

1. 了解物理学中重心和支撑面的关系；
2. 实际测量本书的长度、宽度，估算读书架的必要尺寸；
3. 能够基于读书架的3D模型，通过调整参数实现读书架的3D模型设计；
4. 知道怎样将3D模型输出至3D打印机进行打印；
5. 掌握3D打印出来的读书架的后期处理方法；
6. 试用读书架，并对自己的作品进行评价与反思。

活动 1　了解支架中的重心与支撑面的关系

随着现代生活节奏的加快，生活压力也越来越大，很多年轻人都是久坐办公，这很容易导致颈椎问题。甚至很多中学生也存在不正确的阅读姿势，导致近视、驼背、颈椎病等问题。要改变这种长期低头的姿势，最简单的就是利用读书架抬高需要看的书籍等物品至眼睛平视的高度，保持一个正确的阅读姿势。

请你上网搜集资料，给同学们介绍一款读书架，重点介绍它的功能、特点和工作原理。

生活中常见的支架有两种：一种是固定在地面或墙壁上用于支撑物体的固定支架，另一种则是可移动的非固定支架。对支撑书本这个用途而言，显然我们需要的是一种非固定的支架。图 2-1 是生活中常见的非固定使用的支架。观察一下这些支架，看看它们有什么特征。

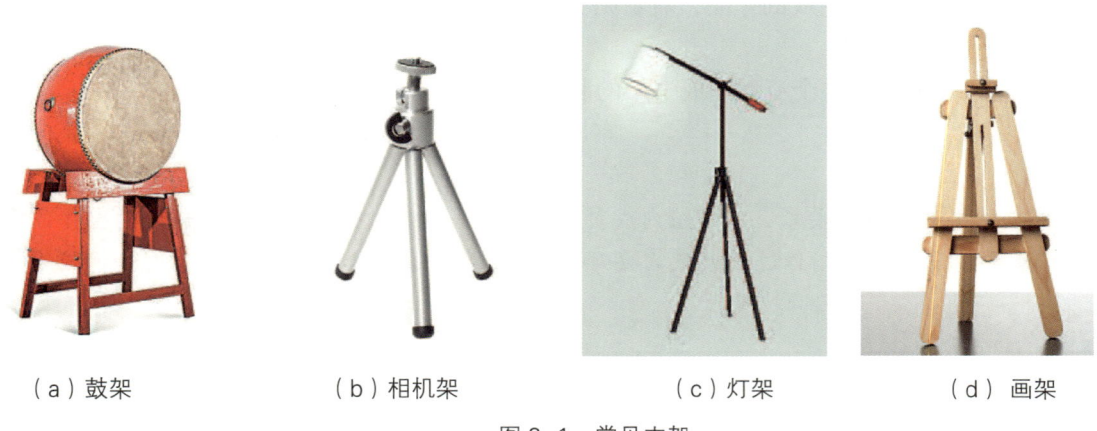

（a）鼓架　　　　（b）相机架　　　　（c）灯架　　　　（d）画架

图 2-1　常见支架

观察上面的各种支架，我们可以发现这样的规律：

（1）支架的所有支脚都落在一个水平面上（如水平的地面或桌面）。

（2）与水平面接触的支脚之间的连线构成一个支撑面，如图 2-2 所示。

（3）当被支撑的物体的重心在水平面上的垂直投影点处于支撑面内时，支架处于稳定状态，如图 2-3 所示。

（4）若物体重心在水平面上的投影在支撑面外，则支架可能会发生倾倒，如图 2-4 所示。

  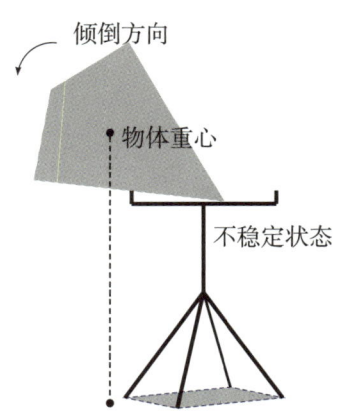

图 2-2　支撑面　　　　图 2-3　重心投影点处于支撑面内　　　　图 2-4　重心投影点处于支撑面外

活动 2　设计制作一个读书架

在知道支架中的重心与支撑面的关系后，我们可以用 3D 打印方式设计并制作一个读书架。从科学的原理出发直至设计制作出一个实物的过程就是工程。像制作读书架这样的"小工程"，我们大致需要经历规划、设计、制作、评价 4 个阶段。

规划阶段： 需要对要完成的工程内容进行预估，做好小组分工和时间安排。特别需要考虑到 3D 打印过程耗时较长时，应如何统筹好时间。

设计阶段： 通常要完成草图设计和 3D 建模设计，在设计过程中需要关注自己小组的设计方案是否符合科学原理。

制作阶段： 用 3D 打印机将设计好的 3D 模型打印制作出来，并进行后期处理。如果是由多个部件构成的作品，还需要完成组装。

评价阶段： 试用一下本组完成的作品，看看是否达到了预期要求。和其他小组的同学进行交流，比一比各组的作品优劣。

下面，我们就来尝试根据这个流程完成书架的制作吧。

工程规划

小组内根据读书架的设计要求，以及组内成员的特长、兴趣，讨论完成读书架制作的整体方案。规划时，我们需要重点梳理出制作过程大致需要哪些工作，组内成员如何分工以及时间如何统筹等。

组内分工：

工作内容	具体分工与负责人	预计耗时	完成情况
全面组织工作（组长）			
画图			
修改模型			
打印机操作			
展示介绍			
创意改进			
其他			

图 2-5 所示的是一个折叠式读书架，将它展开、支起后，就成了一个书架的形状。在制作这样一个读书架之前，我们需要先解决两个关键问题：一是如何让一本书保持打开的状态，二是如何保持读书架的稳定。

我们先来看看如何在读书架上保持一本书的打开状态。由于装订时的固有形态所致，一般图书通常都会自发地有合起来的趋势。因此，我们如果想要在读书架上固定一本打开的书，防止书自己合起来，就需要有图 2-6 中所示的两个卡槽，用于固定已打开的书页。一般来说，这两个托槽的距离越远，就越容易固定打开的书页，这与杠杆省力的原理是相似的。

第二单元　设计和制作读书架

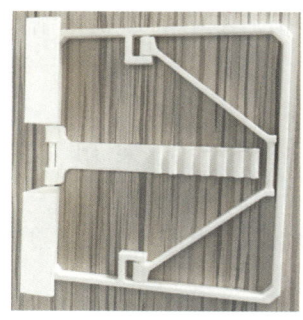  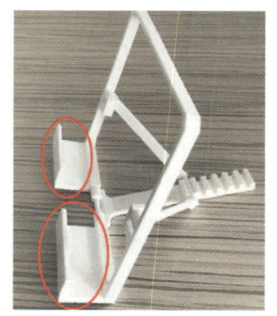

图 2-5　折叠式读书架　　　　　　　　　　　　图 2-6　用于固定已打开的书页的卡槽

对于读书架的稳定性来说，需要考虑书放上去后可能发生侧倾和后倾两种情况。如前面我们分析过的，读书架的支撑面是如图 2-7 所示的梯形。如果书放上去后，书的重心没有落在这个梯形区域内，就会发生前倾或后倾。如图 2-8 所示，如读书架的长度比图书小很多时，就会发生后倾。而我们一般打开图书时，书两边的页往往不是一样多的，这就导致打开的图书的重心会偏左或偏右。由于读书架的支撑面是一个梯形，并且梯形上底较短，因此，图书的重心位置如果靠近梯形上底，会由于书打开时的重心左右变化而易发生左右倾倒（图 2-9）。所以，我们在设计读书架的大小时，应该尽量让图书重心落在靠近梯形中部或中下部的地方，以确保稳定。

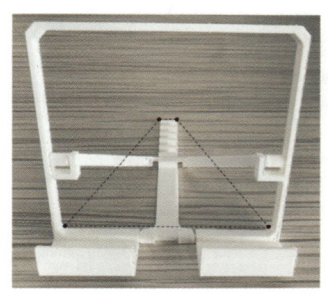 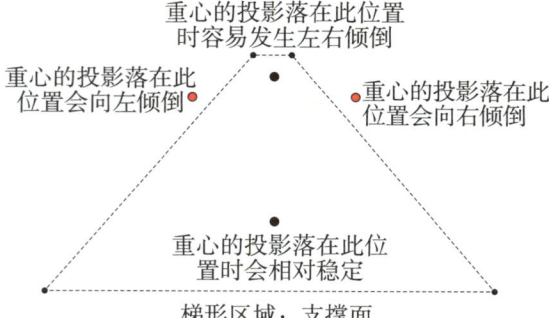

图 2-7　支撑面图　　图 2-8　读书架向后倾倒的情况　　　图 2-9　读书架左右倾倒的情况

一般来说，读书架的宽度应大于图书宽度，高度应当超过图书高度的 1/2，这样才能保持基本稳定。而如果读书架的尺寸过大，就会需要很多打印材料，打印时间也会很长，造成不必要的浪费。

下面我们就来实际测量一下这本教材的尺寸，然后设计一个相应的读书架。

测量与估算

用尺子测量教材，并把数据填入表 2-1 中。

表 2-1　读书架的测量和设计数据　　　　　　　　　　　单位：mm

测量项目	数　值	读书架设计	数　值
图书的宽度		读书架的宽度	
图书的高度		读书架的高度	

19

3D设计

在进行了实际测量和设计之后，我们就可以通过对3D模型的调整和使用3D打印机来制作一个实用的读书架了。

首先，我们需要基于测量结果对读书架的3D模型进行调整：

（1）打开3D建模软件的工作界面，点击左上方的"导入模型"按钮，打开"读书架.stl"文件（图2-10）。

（2）导入读书架stl文件后，建模的工作区就会呈现出读书架的3D模型（图2-11）。尝试多角度观察一下这个模型，注意坐标网格中每个小格的边长代表1 mm，大格的边长为1 cm。

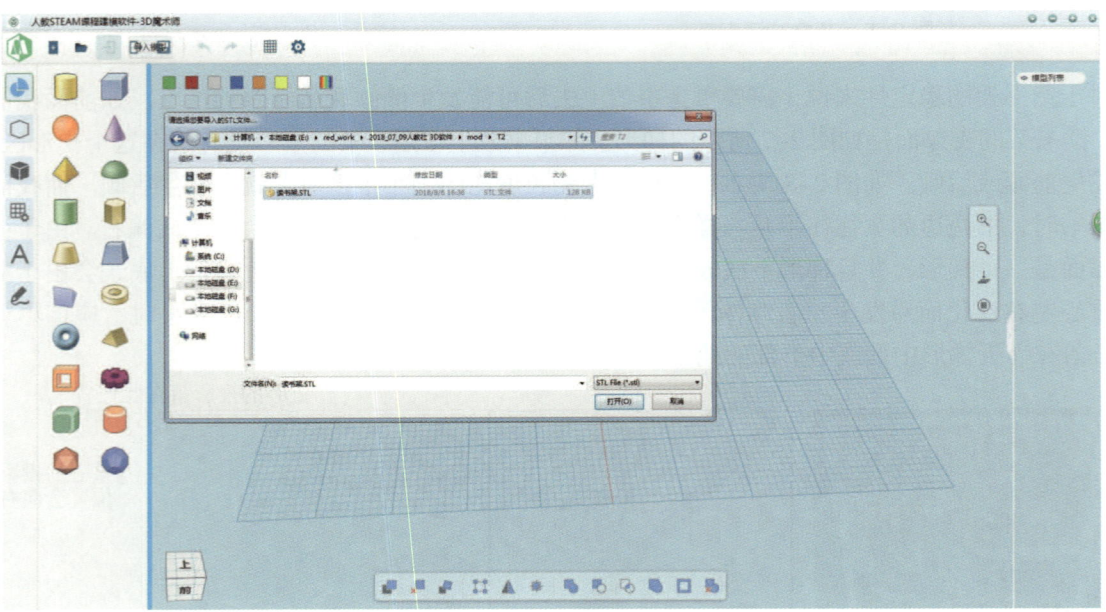

图 2-10　导入读书架的3D模型

（3）在工作区内用鼠标点击读书架的3D模型，在工作区的右上方会出现一个参数框（图2-12）。在这个参数框中可以通过设置参数来精确改变读书架3D模型的大小。参数框中的数值单位为mm。

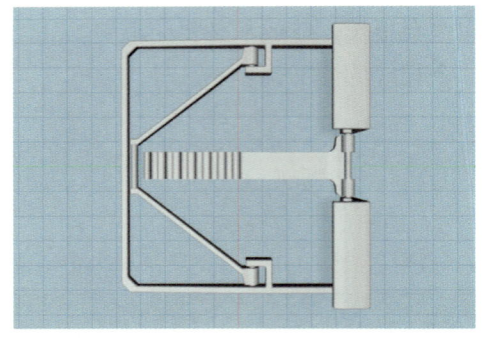

图 2-11　读书架的3D模型

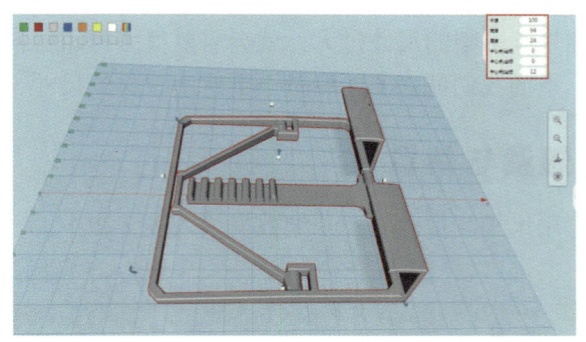

图 2-12　选中3D模型后，出现参数框（红框所示）

在3D建模软件中，也可以通过鼠标拖动的方式调整模型的大小。

（4）根据表2-2调整模型的参数进行设置，调整好参数后点击"模型导出"按钮，将调整后的读书架模型保存为一个新的3D模型文件（图2-13）。

表 2-2

原 模 型		调整后的模型	
长	100 mm	长	
宽	94 mm	宽	
高	24 mm	高	

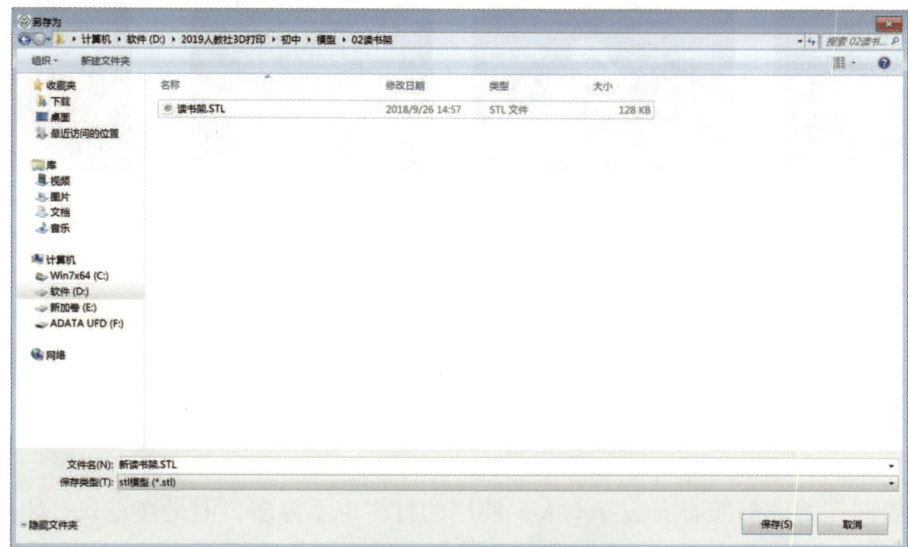

图 2-13　导出新的读书架 3D 模型文件

调整参数时需要注意，读书架上有3个转轴必须是圆柱才能转动。所以，当你调整长度时，必须等比例调整高度才能保持转轴仍是圆柱。

完成了读书架3D模型的调整后，我们就可以通过3D打印机进行读书架的打印了。进行3D打印的操作步骤如下（以下步骤针对有切片功能的3D打印机）：

（1）将调整好参数的读书架3D模型文件（stl文件）拷入U盘，再将U盘插入3D打印机。

（2）在3D打印机的操作界面中选择U盘，并将读书架的3D模型文件（stl文件）保存到3D打印机（图2-14）。

（3）将3D打印机的操作界面返回主界面，选择"本地模型"。

（4）选中读书架的模型，在弹出的选项框中点选"打印"（图2-15）。

（5）界面中呈现出读书架的3D模型图形后，点选下方的"打印"。

（6）在参数设置界面中，可使用默认参数进行打印。推荐使用中精度（0.2mm），填充率20%，无支撑材料、无打印底座、无打印裙边的参数设置（见图2-16）。

（7）点击参数界面最下方的"打印"，完成3D模型的切片过程。

（8）在切片完成后的界面再次点击"打印"就可以正式开始3D打印（图2-17）。

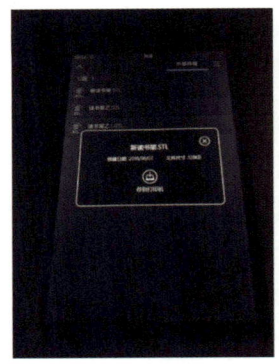 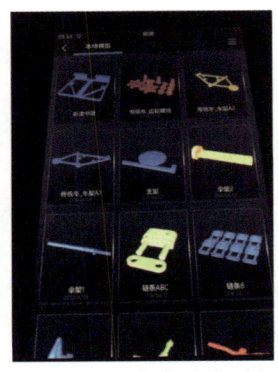  

图2-14　将3D模型保存到3D打印机　　图2-15　在本地模型中选取要打印的3D模型　　图2-16　参数设置界面　　图2-17　3D模型完成切片后的界面

　　注意！3D打印机在打印过程中喷头的温度高达200℃，严禁在打印过程中打开机箱盖和在打印后碰触喷头。

虽然我们要制作的读书架看上去并不大，使用的材料也不算多，但是在正式打印前，3D打印机会提示打印制作总时间需4～5小时，有些同学甚至会需要更长的打印时间。这里反映了3D打印的一个重要局限性：3D打印机虽然可以制作各种复杂形状的物品，但所需要的制作完成时间与其他制作方式相比更长。因此我们在使用3D打印方式进行设计和创作时，很重要的一个步骤就是统筹规划打印制作时间。

在本课的学习过程中，课上的时间有限，往往不足以完成较大物品的3D打印过程，因此需要同学与老师一同规划好课上和课下的时间，不要因为等待3D打印过程而浪费宝贵的学习时间。

完成读书架的组装后，我们需要对读书架进行试用，看看是否与设计图的预期相符，是否能正常使用等。

试一试

在3D打印机结束打印后，我们可以请老师将打印好的读书架取出来。刚打印好的读书架一般会在转轴等地方有一些黏连，用力转动一下就可以断开这些黏连了。简单调试好读书架后，将书打开后即可放在读书架上，试一下读书架是否能够稳定在桌面上（参见图2-18）。

在试用读书架的时候，有一些小技巧可以尝试一下。若图书本身由于纸张的缘故，书合起来的趋势很强，可以在打开书后用力压一下两侧的书页；若书打开后左右两侧的页数相差太多，重心明显偏左或偏右，在使用读书架时可以适当将图书偏离中线放置，使书的重心尽量靠近读书架的中间位置。

如果试用后发现读书架无法稳定在桌面上，请在小组内部讨论一下，看看能否找出无法稳定的原因，并尝试调整读书架的设计参数和 3D 模型。

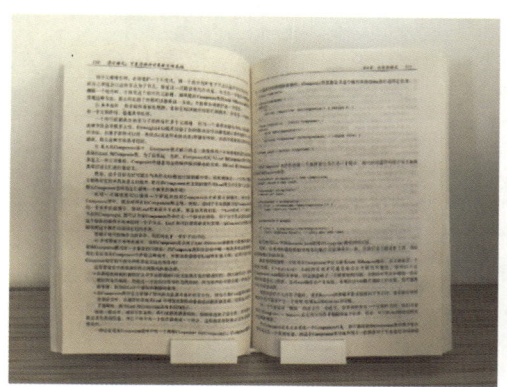 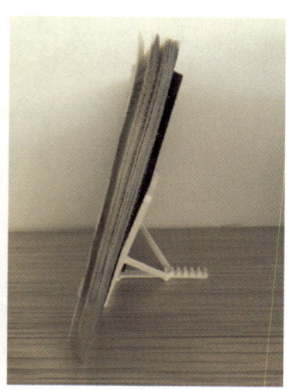

图 2-18　制作完成的读书架

创意提升

根据作品试用的效果，我们通过小组讨论，决定对作品进行如下改进：

1. _____

2. _____

3. _____

_____

_____

_____

以小组比赛形式，每小组派代表展示自己小组的作品。包括设计意图、原理功能、优点介绍、不足之处等。

1. 小组自评

序号	评分项目及标准（满分100分）	等级 A	等级 B	等级 C	自我评分	教师评分
1	态度与纪律（15分）	参与态度积极、遵守纪律（11～15分）	参与态度一般，较遵守纪律（6～10分）	参与态度不好，不遵守纪律（1～5分）		
2	了解支架设计中重心与支撑面的关系，知道如何调整读书架3D模型的参数来改变3D模型的大小（10分）	通过学习、展示及成品质量等来证明达到熟悉的程度（8～10分）	通过学习、展示及成品质量等来证明达到一般的程度（5～7分）	通过学习、展示及成品质量等来证明还不太熟悉（1～4分）		
3	知道如何在3D建模软件中导入导出3D模型和保存3D建模工程文件（10分）	通过学习、展示及成品质量等来证明达到熟悉的程度（8～10分）	通过学习、展示及成品质量等来证明达到一般的程度（5～7分）	通过学习、展示及成品质量等来证明还不太熟悉（1～4分）		
4	掌握如何将3D模型进行3D打印制作的方法和步骤（20分）	通过学习、展示及成品质量等来证明达到熟悉的程度（15～20分）	通过学习、展示及成品质量等来证明达到一般的程度（8～14分）	通过学习、展示及成品质量等来证明不太熟练（1～7分）		
5	展示解说（15分）	解说详细、流畅、自信（11～15分）	解说详细度、流畅度、自信度一般，声音较小（6～10分）	解说过于简单、不流畅、缺乏自信，声音小（1～5分）		
6	创意设计（15分）	在二次设计中有自己的优良创意改造，可行性强（11～15分）	在二次设计中有一定的创意改造，可行性一般（6～10分）	在二次设计中很少或没有创意改造，可行性差（1～5分）		
7	分工合作与沟通（15分）	小组成员分工明确并实施优秀，成员间沟通良好（11～15分）	小组成员分工一般，有部分职责或人员分工没考虑到，实施一般，成员沟通一般（6～10分）	小组成员分工简单，许多职责或人员分工没考虑安排，实施较差，成员沟通不良（1～5分）		
8	小计					
总结与反思	从外形、创意、实用等角度评估一下本小组制作出的作品。与其他组的作品比，本组作品的优点和不足都有哪些？如何改进？					

2. 组间互评

	评价项目	填写评价内容
1	其他小组完成作品中，你认为哪个小组的实用性最好？	
2	你认为哪个小组完成的作品最美观、最具创意？	
3	你认为其他小组完成的作品有哪些优点值得本组学习和借鉴？	

3. 自测题

（1）李雷在乘公交车时，经常因为公交车在行驶过程中的晃动以及车辆的启动、刹车而站不稳（图2-19）。韩梅梅告诉李雷：在公交车上，双脚分开站立会比双脚并在一起时站得稳一些。李雷尝试了一下，发现果然如此。你能解释一下这是为什么吗？

图 2-19

（2）李雷在桌子的边缘放置了2块砖（见图2-20）。当他松开手时，你认为砖是否会翻落至桌下？

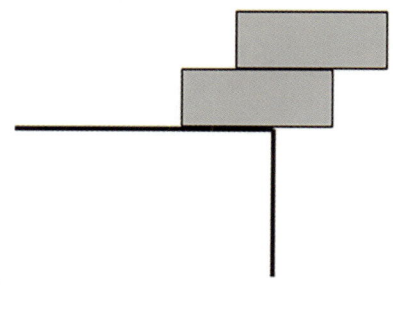

图 2-20

与前面给出的折叠式读书架类似，我们也可以用类似的方式制作其他类型的支架，如折叠式手机支架、平板电脑支架，插板式图书架等。图 2-21 和图 2-22 分别展示了另一种读书架和一个折叠式平板电脑（或手机）支架。我们可以采用同样的步骤：测量—估算—3D 模型参数调整—3D 打印制作来完成一个作品的创作过程。

请以小组为单位，尝试选择上面两种支架之一进行设计和制作。

图 2-21　插板式读书架

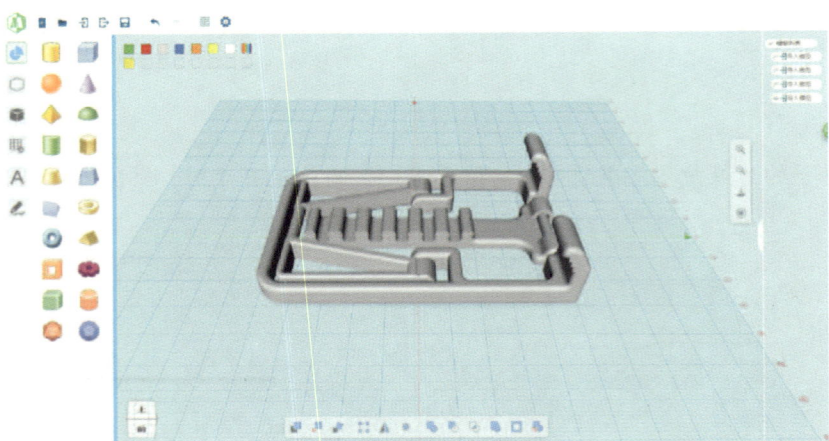

图 2-22　平板电脑支架

第三单元　设计和制作笔帽

　　本单元的主题是设计制作一个笔帽。同学们要初步学习简单的3D建模，以及如何运用科学方法和3D打印技术制作一个具有实用价值的小物品。笔帽虽小，认识和制作笔帽的过程却蕴含着从科学到技术再到工程的思维和实践过程。下面让我们一起来体验一下吧。本单元除了需要使用到3D建模工具和3D打印机外，还需要准备用于打磨的砂纸。

情景导入

　　李雷在放学的路上不小心将笔帽丢了。笔帽对笔的携带和使用影响很大。没有了笔帽，笔的携带就会很不方便，笔头很容易划到东西，留下不该有的墨迹。笔头失去笔帽之后，也很容易因为碰撞或油墨干涸而损坏。你能想个办法帮助李雷制作一个合适的笔帽吗？

　　一般情况下，我们很难为丢掉笔帽的笔去单配一个笔帽，商店、市场里也没有单独卖笔帽的。然而，现在我们有了 3D 打印技术，通过测量、设计、打印等过程，我们就可以为丢掉笔帽的笔量身定制一个美观又实用的笔帽了。

　　在学习开始前，每个小组配发一支没有笔帽的笔，学习任务就是要为这支笔设计和制作一个配套的笔帽。

学习任务

1. 了解笔帽的功能和几种典型笔帽的形状特征；
2. 了解设计笔帽时，需要进行哪些测量，获得哪些参数；
3. 了解图形之间的"交""并""差"三种运算；
4. 能通过简单几何图形之间的运算设计一个笔帽；
5. 会操作 3D 打印机制作一个笔帽；
6. 经历测量、设计建模、3D 打印制作笔帽的探究过程；
7. 对测量、设计、制作笔帽的过程和制作成果进行评价和反思。

活动 1　认识笔帽

搜集笔帽，探究笔帽奥秘

在日常学习生活中，我们会用到各种各样的笔。不同的笔相应会有不一样的笔帽。我们打算利用课余时间搜集一些我们常用笔的笔帽进行探究，了解其大小、分类、材料、用途等。

笔帽的奥秘

名称	类型	大小	材料	用途	优缺点	备注

笔帽一般是指为了保护笔尖或为防止水性、油性笔中的墨蒸发、干涸的一种装置。一些笔帽还带有便于携带的功能或有装饰作用。

笔帽一般可分为两种，一种是有卡扣的笔帽，一种是无卡扣的笔帽（图 3-1）。有卡扣的笔帽对应的笔杆或笔头上通常也有相应的卡扣，笔和笔帽通过卡扣紧密地结合在一起。无卡扣的笔帽则一般与柱型的笔杆配套使用，笔和笔帽利用笔帽材料的弹性和笔与笔帽之间的摩擦力结合在一起。

图 3-1　有卡扣的笔与无卡扣的笔

带有卡扣的笔帽，除了卡扣位置外，其他部分的内径通常略大于笔杆的外径。笔帽的卡扣位于笔帽内侧，通常是环状或近似环状的凸起。笔帽内部卡扣内径一般要比笔杆或笔头卡扣的外径略小，用于将笔帽和笔卡紧。笔帽内的卡扣在朝着笔帽开口的一侧通常有一定斜度，这个斜度使得笔帽会比较容易的套上笔头或笔杆。此外，笔帽内卡扣距离笔帽顶端的距离要略大于笔尖到笔杆卡扣（或笔头卡扣）的距离（见图 3-2），这样笔帽才能套在笔上。

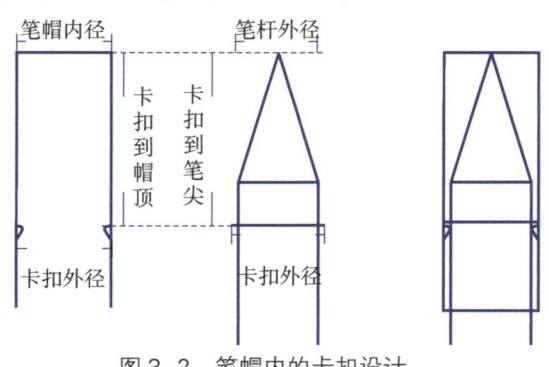

图 3-2　笔帽内的卡扣设计

相对而言，无卡扣的笔帽结构比较简单，一般只需要设计为笔帽的内径和笔杆的外径相同，笔帽就可以使用了。

观察一下我们手中需要配笔帽的笔，判断是否需要在笔帽上设计卡扣。

此外，我们观察笔帽时，不难发现许多笔帽上还有一个卡子，可以用于将笔别在书本或上衣口袋处，便于笔的携带（如图3-3）。

图3-3　笔帽上的卡子

如果我们要为一支笔配制笔帽，成功的关键就在于笔帽的各方面尺寸是否合适。这时，我们需要通过对笔杆和笔头进行测量，来估算出笔帽各个关键位置的长度和直径数值。

测量与估算

表3-1是带卡扣的笔在配制笔帽时所需要测量的数值。请你根据表3-1对笔进行实际测量，并将测量结果填入表中。

表3-1　测量笔杆（带卡扣的笔）

序号	测量的量	数值（单位：mm）
1	笔杆的外直径	
2	卡扣的外直径	
3	卡扣到笔尖的长度	

根据测量结果我们就可以对笔帽的重要参数进行估算。请你尝试填写表3-2，并和同组同学讨论一下填写的数值是否合理。

表3-2　笔帽的关键参数估算（带卡扣的笔）

序号	测量的量	数值（单位：mm）
1	笔帽的内直径	
2	笔帽内卡扣的内直径	
3	卡扣的高度（笔帽内直径 – 卡扣内直径）	
4	笔帽内卡扣到帽顶长度	
5	笔帽的外直径	
6	笔帽的总长度（不含卡子）	

小提示　除了笔帽的关键参数外，笔帽中还有其他参数需要估算确定，如笔帽的整体长度、笔帽的外直径、笔帽上的卡子位置和卡子长度等。这些笔帽的参数全部确定下来后，请你在纸上用直尺和铅笔尝试画一个笔帽的草图，与要配制笔帽的笔对比一下，看一看是否合适。再对比一下其他笔帽，看看你的设计与真实的笔帽之间有什么差异？

活动 2　制作笔帽

在完成了笔帽参数的测量、估算和草图绘制后，我们就可以正式开始用 3D 打印来制作笔帽了。笔帽的制作过程可以按规划、设计、制作、评价 4 个阶段来进行。

工程规划

小组内根据笔帽制作的设计要求，以及组内成员的特长、兴趣，讨论完成笔帽制作的整体方案。规划时，我们需要重点梳理出制作过程大致有哪些工作、组内成员如何分工以及时间如何统筹等。

组内分工：

工作内容	具体分工与负责人	预计耗时	完成情况
全面组织工作（组长）			
画图			
修改模型			
打印机操作			
展示介绍			
创意改进			
其他			

根据 3D 打印基本步骤，我们首先需要根据前面的测量结果来构造出笔帽的 3D 模型。下面我们以笔帽为例，学习一下如何进行简单的 3D 建模。

一、3D 建模中的图形运算

笔帽的形状是比较复杂的，不是我们在数学中学过的单一正方体、长方体、圆柱、圆锥等简单、规则的立体图形。我们想要制作一个笔帽这样的复杂 3D 图形时，可以通过对规则图形进行运算结合的方式来形成相对复杂的图形。许多复杂图形都可以通过两个或多个简单图形运算来构成的。

图形的"交"运算,是两个图形有重叠时,取其重合部分的一种运算,一般记作 $A \cap B$。如图 3-4 所示,正方形 A 与正方形 B 进行"交"运算的结果是它们重叠的部分。

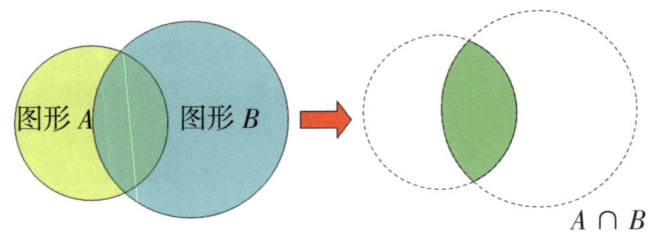

图 3-4　平面图形的"交"运算

图形的"并"运算,是两图形合成一个图形的方式,一般记作 $A \cup B$。如图 3-5 所示,正方形 A 与正方形 B 进行并运算后,就形成一个新的图形。

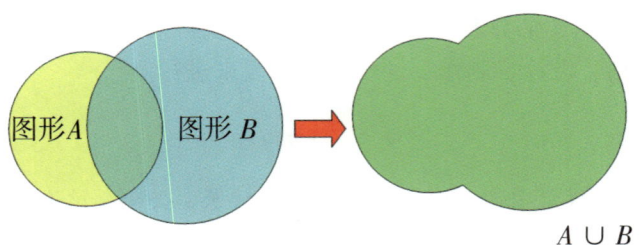

图 3-5　平面图形的"并"运算

图形的"差"运算在集合中涉及相对补集和绝对补集两种情况,在本书中的"差"运算主要与相对补集有关。在构造图形时,"差"运算指图形 A 与图形 B 有重叠时,取图形 A 中除去与图形 B 重合的部分(见图 3-6),可记作 $A-B$;或取图形 B 中除去与图形 A 重合的部分(见图 3-7),可记作 $B-A$。

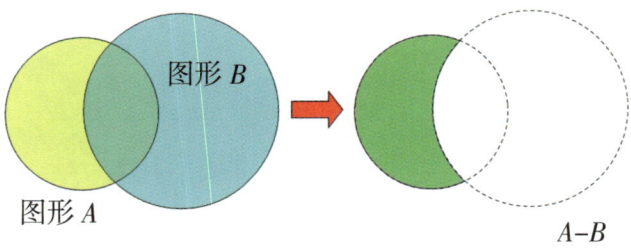

图 3-6　平面图形的"差"运算①

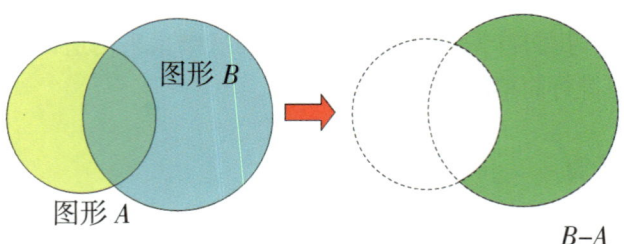

图 3-7　平面图形的"差"运算②

对于三维图形，我们也可以采用相同的运算方式构造出复杂的形状。图 3-8、图 3-9、图 3-10 分别是三维图形之间的"交""并""差"运算的情况。

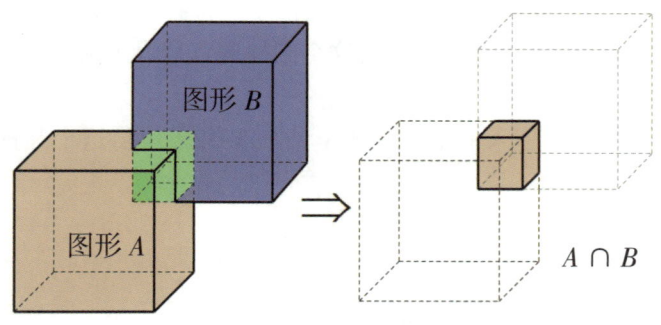

图 3-8　立体图形的"交"运算

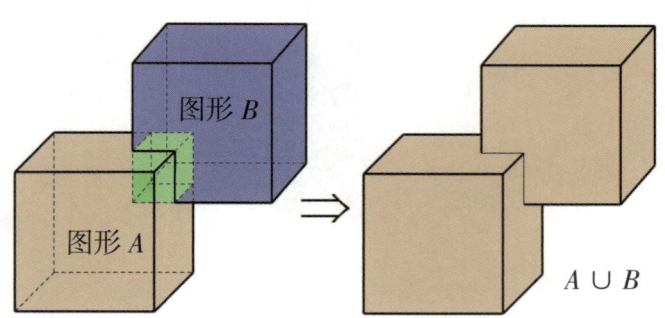

图 3-9　立体图形的"并"运算

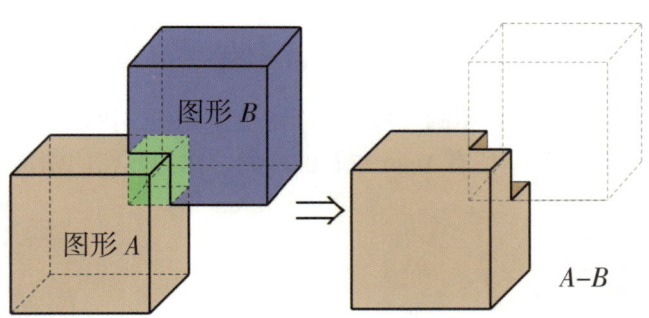

图 3-10　立体图形的"差"运算

说明：

在本书中，我们定义的图形"交""并""差"运算，其本质是数学集合论中的"交集""并集""差集"三种集合基本运算。本书我们不深入介绍集合的概念和相关知识，只用比较通俗易懂的方式介绍这三种运算如何在 3D 建模中使用，并构造出复杂图形。

二、笔帽的 3D 建模

运用图形之间的数学运算，我们就可以基于简单图形来构造出笔帽。下面我们以一个带卡扣的笔帽为例，介绍笔帽的 3D 建模方法。

3D设计

（1）打开 3D 软件的工作界面，在左边的基本图形中，选择并拖入一个圆柱体，作为笔帽建模的基础（图 3-11）。参考你的测量和设计结果，将这个圆柱的直径设置为笔帽的外直径，高度设置为笔帽的长度（不包括卡子）。

（2）在左边的基本图形中再拖入一个圆柱体（见图 3-12）。将这个圆柱体的直径设置为笔帽的内直径，高度略高于第一个圆柱体。

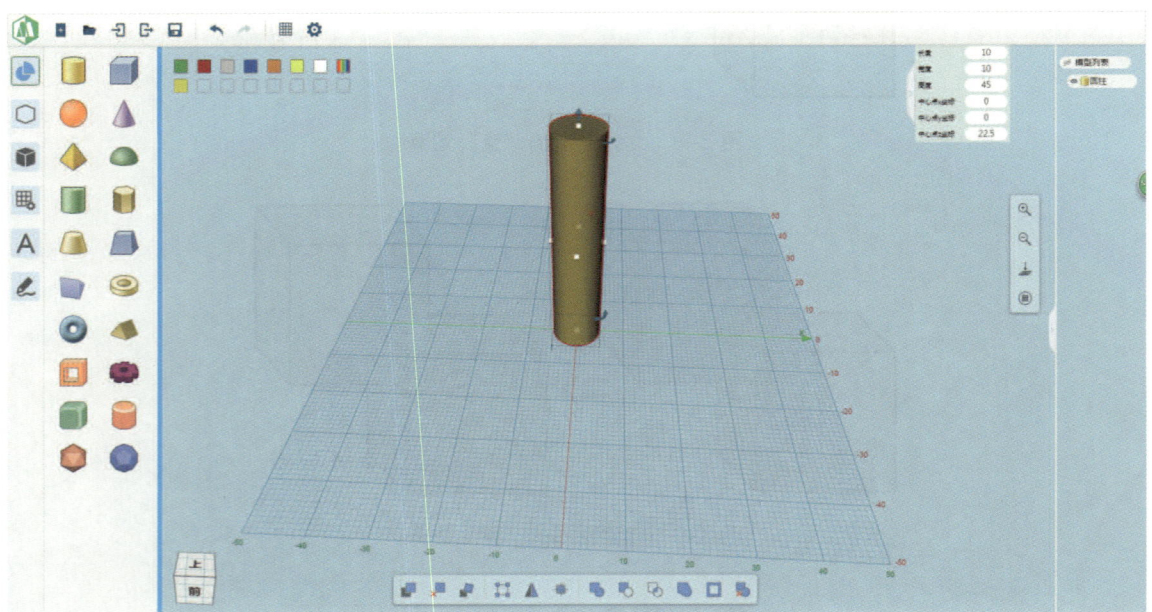

图 3-11　笔帽建模①

（3）将较细的圆柱体与第一个较粗圆柱体叠加在一起，使它们的轴线对齐（图 3-13）。较细圆柱体的底面与较粗圆柱体的底面之间留有 1mm 左右的距离，作为笔帽的帽顶。

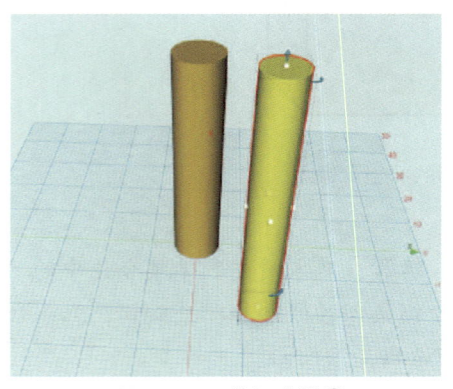
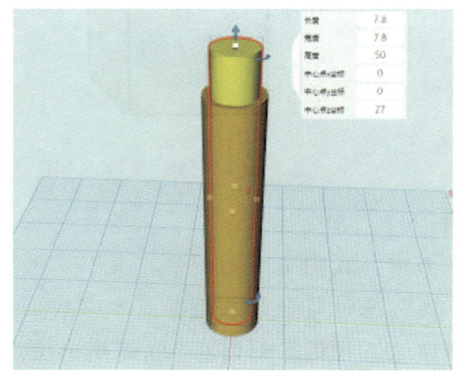

图 3-12　笔帽建模②　　　　　　　图 3-13　笔帽建模③

（4）对这两个圆柱体做"差"运算（外圆柱体 - 内圆柱体），在较粗圆柱体中去掉较细圆柱体的部分（图 3-14）。这样我们就可以看出一个笔帽的雏形了。

（5）继续在左边的基本图形中拖入一个圆柱体，设置其直径为卡扣高度的 2 倍（图 3-15），这个圆柱体用于制作卡扣。

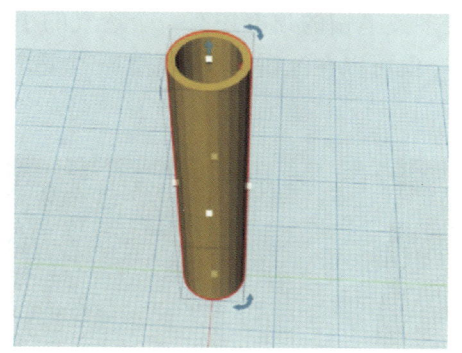 

图 3-14　笔帽建模④　　　　　图 3-15　笔帽建模⑤

小提示　在 3D 建模软件的工作界面中，依次选择粗圆柱体、细圆柱体后，再点击下方的 图标，即可进行两个图形的"差"运算。这里，两个 3D 图形的点击次序是不可交换的，粗圆柱体 – 细圆柱体 与 细圆柱体 – 粗圆柱体 会产生完全不同的运算结果。

（6）用鼠标选中小圆柱体后，点击圆柱下方的 拖动圆柱体将圆柱体旋转为横向（图 3-16）。

（7）拖动小圆柱体，将其置于笔帽的内部，嵌入笔帽的内壁露出大约一半柱体（图 3-17）。对笔帽和小圆柱体作图形的"并"运算 就做好了一个卡扣。类似地，可以在笔帽内嵌入 4 个卡扣（图 3-18）。

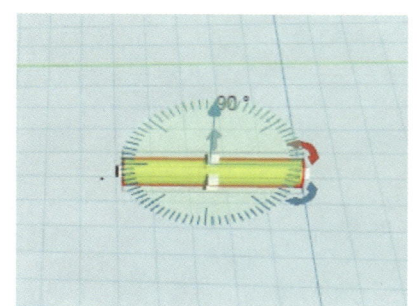 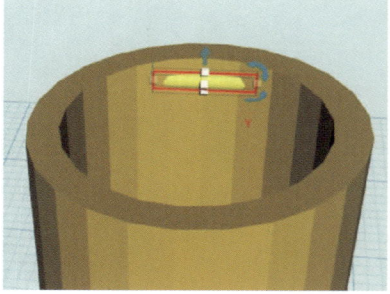 

图 3-16　笔帽建模⑥　　　图 3-17　笔帽建模⑦　　　图 3-18　笔帽建模⑧

（8）利用两个长方体与图形的"并"运算 ，我们可以给笔帽添加一个卡子（图 3-19 和图 3-20）。

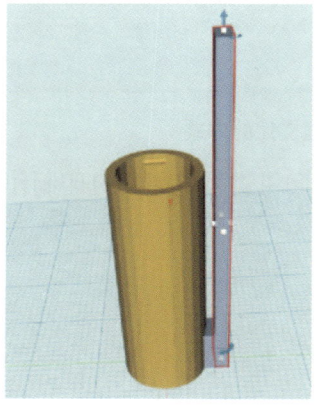 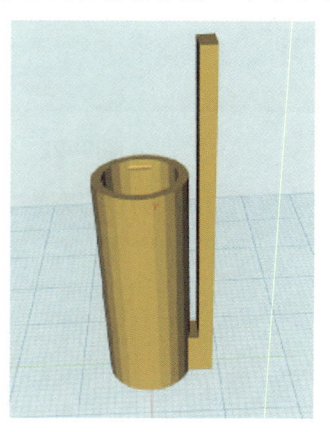

图 3-19　笔帽建模⑨　　　图 3-20　笔帽建模⑩

（9）最后，如果我们再仔细观察一下笔帽，会发现多数笔帽的顶部还有一个透气的小孔。同样采用笔帽和小圆柱体之间的"差"运算（笔帽–小圆柱体），就可以在笔帽的顶部增加一个透气小孔（图3-21）。

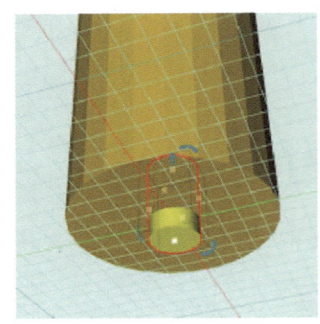

图 3-21　如何增加一个透气小孔

参考上面给出的建模方法，请在小组内部讨论一下，并尝试基于我们的测量与设计数据完成一个笔帽的 3D 建模。

完成建模后，在 3D 软件的工作界面中点击 ⤴，导出一个 3D 模型文件（stl 文件，即建模结果文件）用于 3D 打印。建模的过程可以通过点击 💾 保存为一个可编辑的工程文件（3dm 文件）（图 3-22）。

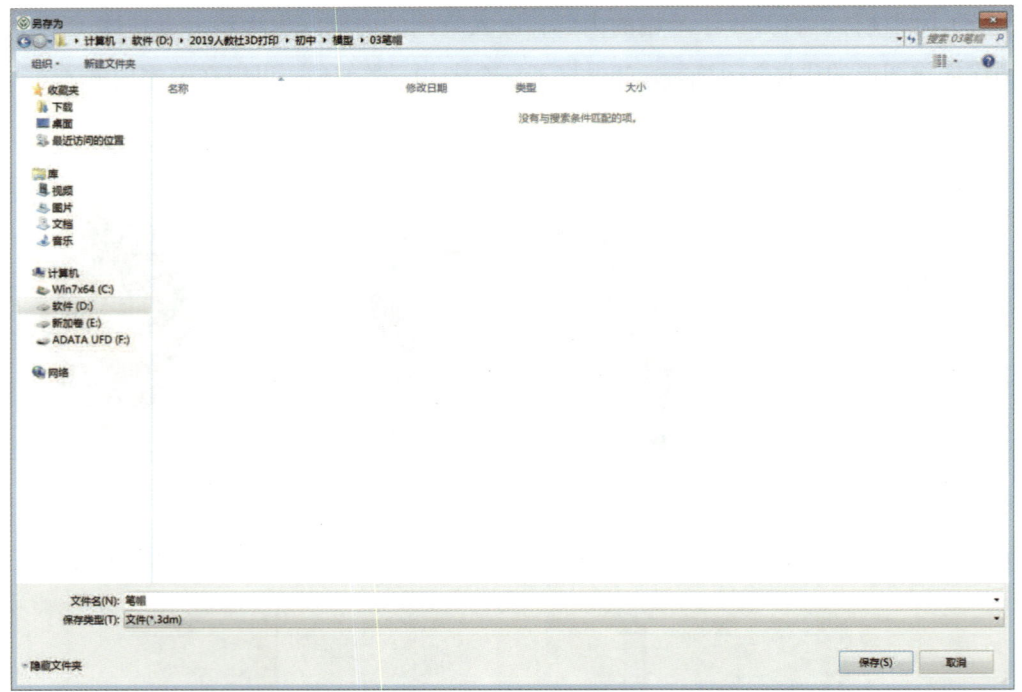

图 3-22　保存工程文件的方式

完成了笔帽的 3D 建模后，我们就可以通过 3D 打印机进行笔帽的打印制作了。

3D 打印机操作步骤如下：

（1）将笔帽的 3D 模型文件（stl 文件）拷入 U 盘，再将 U 盘插入 3D 打印机。
（2）在 3D 打印机的操作界面中选择 U 盘，并将笔帽的 3D 模型文件（stl 文件）保存到 3D 打印机。
（3）将 3D 打印机的操作界面返回主界面，选择"本地模型"。
（4）选中笔帽的模型，在弹出的选项框中点选"打印"。
（5）界面中呈现出笔帽的 3D 模型图形后，点选下方的"打印"。
（6）在参数设置界面中，可使用默认参数进行打印。推荐使用中精度（0.2mm），填充率20%，无支撑材料、无打印底座、无打印裙边的参数设置。
（7）点击参数界面最下方的"打印"，完成 3D 模型的切片过程。
（8）在切片完成后的界面再次点击"打印"，开始正式的 3D 打印过程。

小提示

1. 注意！3D 打印机在打印过程中喷头的温度高达 200℃，严禁在打印过程中打开机箱盖和在打印后碰触喷头。

2. 如果 3D 打印机没有切片功能，需要使用切片软件完成 3D 模型的切片后才能进行打印（详见第一单元）。

试一下你们小组做好的笔帽，看看和笔是否配套？

如果笔帽无法顺利地和笔结合在一起，或者笔帽太松容易被甩掉，请你思考一下问题出在哪里。应该如何改进？

与班里其他小组的同学比一比，看看谁设计出来的笔帽最好看。

创意提升

在完成初步打印组装后，根据试用的效果，我们通过小组讨论决定对作品进行如下改进：

1. _____
2. _____
3. _____

以小组比赛形式，每小组派代表展示自己小组的作品。包括设计意图、原理功能、优点介绍、不足之处等。

1. 小组自评

序号	评分项目及标准（满分100分）	等级 A	等级 B	等级 C	自我评分	教师评分
1	态度与纪律（15分）	参与态度积极、遵守纪律（11～15分）	参与态度一般，较遵守纪律（6～10分）	参与态度不好，不遵守纪律（1～5分）		
2	能确定所需笔帽的基本形状，知道在设计笔帽时，需要对笔进行哪些测量（10分）	通过学习、展示及成品质量等来证明达到熟悉的程度（8～10分）	通过学习、展示及成品质量等来证明达到一般的程度（5～7分）	通过学习、展示及成品质量等来证明还不太熟悉（1～4分）		
3	了解图形之间的交""并""差"三种运算，并会运用三种运算构造图形，知道如何进行笔帽的3D建模（10分）	通过学习、展示及成品质量等来证明达到熟悉的程度（8～10分）	通过学习、展示及成品质量等来证明达到一般的程度（5～7分）	通过学习、展示及成品质量等来证明还不太熟悉（1～4分）		
4	会操作3D打印机制作一个笔帽（20分）	通过学习、展示及成品质量等来证明达到熟悉的程度（15～20分）	通过学习、展示及成品质量等来证明达到一般的程度（8～14分）	通过学习、展示及成品质量等来证明不太熟练（1～7分）		
5	展示解说（15分）	解说详细、流畅、自信（11～15分）	解说详细度、流畅度、自信度一般，声音较小（6～10分）	解说过于简单、不流畅、缺乏自信，声音小（1～5分）		
6	创意设计（15分）	在二次设计中有自己的优良创意改造，可行性强（11～15分）	在二次设计中有一定的创意改造，可行性一般（6～10分）	在二次设计中很少或没有创意改造，可行性差（1～5分）		

续上表

序号	评分项目及标准（满分100分）	等级 A	等级 B	等级 C	自我评分	教师评分
7	分工合作与沟通（15分）	小组成员分工明确并实施优秀，成员间沟通良好（11–15分）	小组成员分工一般，有部分职责或人员分工没考虑到，实施一般，成员沟通一般（6～10分）	小组成员分工简单，许多职责或人员分工没考虑安排，实施较差，成员沟通不良（1～5分）		
8	小计					
总结与反思	从外形、创意、实用等角度评估一下本小组制作出的作品。与其他组的作品比，本组作品的优点和不足都有哪些？如何改进？					

2. 组间互评

序号	评价项目	填写评价内容
1	在其他小组完成的作品中，你认为哪个小组的实用性能最好？	
2	你认为哪个小组完成的作品最美观、最具创意？	
3	你认为其他小组完成的作品有哪些优点是值得本组学习和借鉴的？	

3. 自测题

下面3个图形都是由圆形、三角形、正方形通过"交""并""差"运算形成的。请思考一下它们的构成方式，并将你的想法用文字+草图的形式画在每幅图旁边的空白区域。

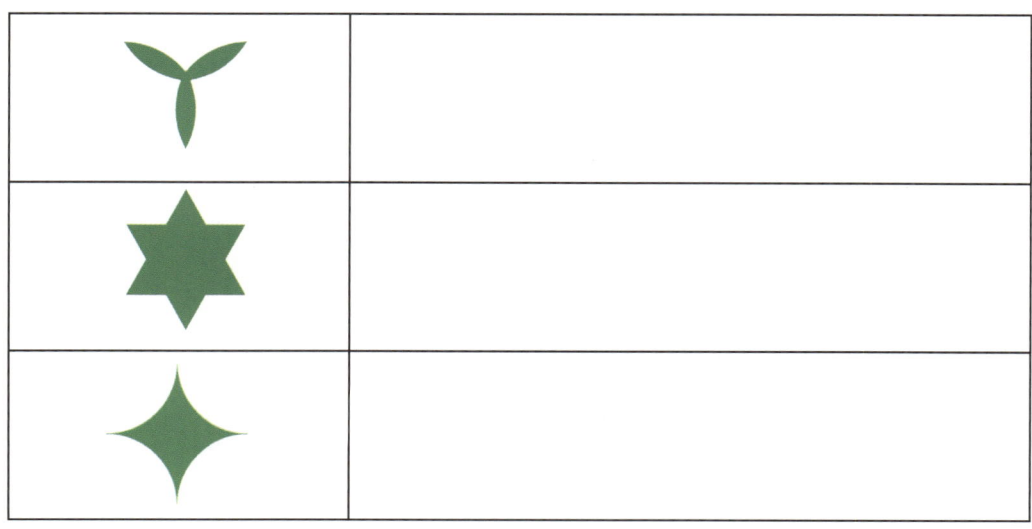

设计制作一个有小孔的笔帽

我们常见的圆珠笔或签字笔的笔帽上都有一个小孔（图 3-23），你知道为什么要在笔帽上开一个小孔吗？据说这种在笔帽上增加一个小孔的设计源于法国的比克（BIC）公司。比克圆珠笔也是全球知名的书写工具品牌。在笔帽上增加一个小孔的设计方案，并不是单纯为了节省材料或者有什么高深的物理、化学原理。这个小孔的实际设计目的是为了防止窒息。

由于笔帽的个头比较小，在低龄儿童学习用笔或玩耍时，很容易将笔帽放进嘴里。如果儿童稍有不慎，就可能将笔帽吸入气管，造成严重的窒息。笔帽上有了这个小孔后，不慎吸入笔帽的人就可以通过小孔保持少量的空气流通，争取到医疗救治的时间。实际上不只是低龄儿童，即使是青少年或成年人，有些人在精神特别集中或紧张的时候，也会下意识地将笔帽咬入口中，也有发生吸入窒息的风险。因此，设计师们就在笔帽上设置小孔，这是人性化设计理念的体现。

你设计笔帽时，是否发现了这点呢？你设计的笔帽有这个小孔吗？请你尝试设计制作一个有这种小孔的笔帽。

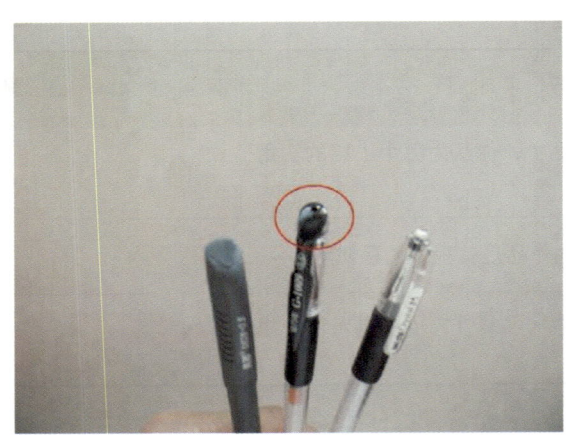

图 3-23　不同品牌笔帽上的小孔

第四单元
设计和制作被中香炉与常平架

  在本单元中,我们将认识古代的一种特殊用具——被中香炉。被中香炉具有一种奇特的结构,这种结构使得香炉无论怎么翻滚,其内部承载的可燃物都不会掉出炉外。这充分体现了我国古代劳动人民的智慧和创造力。被中香炉具有较为复杂的结构。在本单元中,我们要尝试采用3D打印的方式制作一个被中香炉。需要用到的工具和材料包括3D建模软件、3D打印机、细线(或铁扎线)、砂纸、剪刀等。

情景导入

相传陕西省扶风县法门寺建于东汉，是一座名扬四海的佛教古刹。1987年2月，陕西省人民政府组织开展对法门寺的考古发掘工作。在本次考古活动出土的文物中就包括2个鎏金银香毬（唐代）。这种香毬，也称为香囊、被中香炉、卧褥香炉等。

目前最早的记载见于司马相如《美人赋》"金铻薰香"，由此可以判断被中香炉出现的时间不会晚于西汉。汉代的《西京杂记》中对此记载"为机环，转运四周，而炉体常平，可置之被褥，故以为名"。唐代的文献中多称之为香毬或香囊。唐代诗人元稹作有《香毬》一诗"顺俗唯团转，居中莫动摇。爱君也不侧，犹讶火长烧"，对这种被中香炉的特点做了清晰的描述。

被中香炉的独特源自它精巧的设计，它的外壳是镂空的球形，内有两至三层同心圆环，最里面是碗状的炉体。炉体用来盛放香料，两端分别有短轴与中间的几层同心圆环相连接，无论香炉如何翻转，炉体都能始终保持水平承载，这就是"炉体常平"。炉体常平结构是陀螺仪的鼻祖，后在16世纪时由欧洲人发展并制造出陀螺平衡仪。陀螺仪最早应用于航海导航，如今被广泛地应用在航空航天、轨道交通、地下勘探等各个领域。

可见，勇于创新是中华民族从古至今一贯的优良品质，值得我们学习和传承。下面就让我们来认识一下这到底是一种什么装置能够呈现出这样神奇特征。

法门寺出土的唐代被中香炉

学习任务

1. 了解被中香炉的基本结构；
2. 了解常平架的基本结构；
3. 会用3D打印机制作一个被中香炉；
4. 会用3D建模软件设计绕固定轴转动的机械结构；
5. 尝试用3D建模软件完成常平架的3D建模。

活动 1　认识被中香炉

图 4-1 展示的是被中香炉打开后所显示的内部结构，图 4-2 则展示了被中香炉的剖面结构。被中香炉的最里面是一个碗，用于盛放燃香或香料。这个碗与外侧的圆环形框架 1 通过两根轴连接在一起（图 4-2 中的 A 和 A'），碗可以绕轴自由转动；圆环形框架 1 又和圆环形框架 2 连接在一起，连接处也通过两根轴连接在一起（图 4-2 中的 B 和 B'）；最后，圆环形框架 2 又与香炉的最外侧炉壁连接在一起，同样连接处能绕轴自由转动（图 4-2 中的 C 和 C'）。

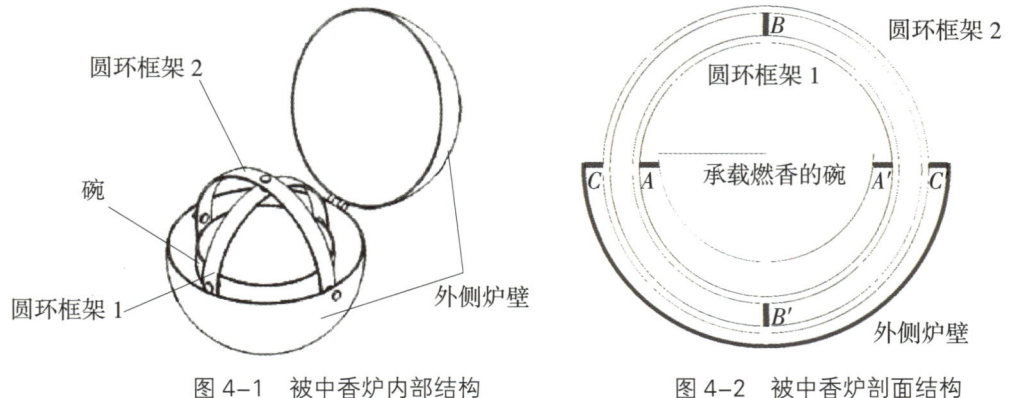

图 4-1　被中香炉内部结构　　图 4-2　被中香炉剖面结构

仔细观察圆环形框架 1 和圆环形框架 2 上的 4 个连接点（图 4-2），我们不难发现：圆环形框架 1 上两对轴（即 A、A' 和 B、B'）在圆弧上相隔了 90°，圆环形框架 2 的两对连接点（即 B、B' 和 C、C'）也是如此。

当被中香炉滚动时，会引起内侧的圆环框架 2 和圆环框架 1 的转动，而中间承载燃香的碗则由于惯性和重力作用始终保持平稳。

活动 2　制作被中香炉

在了解被中香炉的内部结构后，接下来可以用 3D 打印方式，设计并制作一个被中香炉。被中香炉的制作过程可以按规划、设计、制作、评价 4 个阶段来进行。

工程规划

小组内根据被中香炉制作的设计要求，以及组内成员的特长、兴趣，讨论完成被中香炉制作的整体计划方案。规划时，我们需要重点梳理出制作过程大致需要哪些工作，组内成员如何分工以及时间如何统筹等。

组内分工:

工作内容	具体分工与负责人	预计耗时	完成情况
全面组织工作（组长）			
画图			
修改模型			
打印机操作			
展示介绍			
创意改进			
其他			

观察

观察被中香炉的 3D 模型

我们可以通过观察被中香炉的 3D 模型来进一步了解它的结构。打开 3D 建模软件，在模型库中搜索"被中香炉"，并将被中香炉的 3D 模型文件（被中香炉 1.stl 文件）导入 3D 建模工具中（图 4-3）。

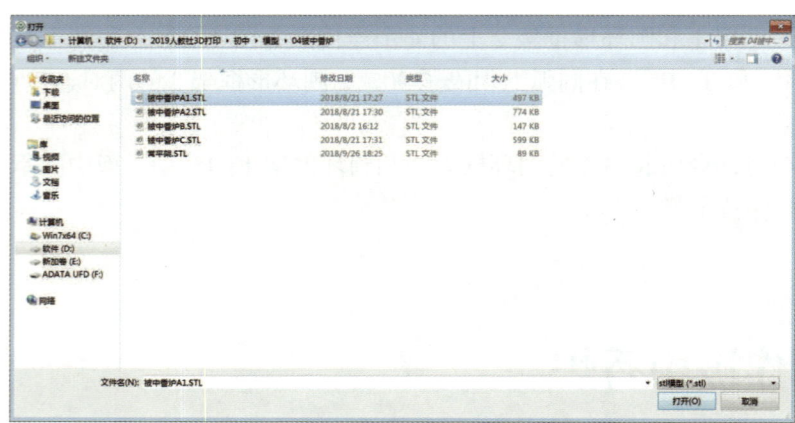

图 4-3 导入模型库中的 3D 建模文件

导入 3D 模型后，我们就可以在 3D 建模软件的工作界面中看到被中香炉的主体结构模型（不含盖子，见图 4-4）。在工作界面中，我们可以通过拖动鼠标来控制 3D 模型的方位，从多个角度来观察被中香炉的 3D 模型。通过观察 3D 模型，我们可以更清晰地看到被中香炉内部的 4 层结构，以及每层内外之间方向呈 90° 角的轴。

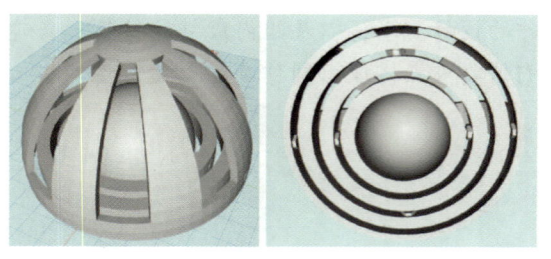

图 4-4 从两个方向看被中香炉的主体结构（不含盖子）

在了解了被中香炉的 3D 模型结构后，我们就可以将这个模型制作出来。3D 打印制作的具体步骤如下：

（1）在 3D 建模软件的工作界面中导出被中香炉主体结构的 3D 模型文件（stl 文件），存入 U 盘中。

（2）将 U 盘插入 3D 打印机，并在 3D 打印机的操作界面中选择 U 盘，将被中香炉的 3D 模型文件（stl 文件）保存到 3D 打印机。

（3）将 3D 打印机的操作界面返回到主界面，选择"本地模型"。

（4）选中被中香炉的模型，在弹出的选项框中点选"打印"。

（5）界面中呈现出被中香炉主体结构的 3D 模型图形后，点选下方的"打印"。

（6）在参数设置界面中，可使用默认参数进行打印。推荐使用中精度（0.2mm），填充率 20%，无支撑材料、无打印底座、无打印裙边的参数设置。

（7）点击参数界面最下方的"打印"完成 3D 模型的切片过程（见图 4-5）。

（8）在切片完成后的界面再次点击"打印"，开始正式的 3D 打印过程。

用类似的方式，我们可以在模型库中搜索到被中香炉的盖子的 3D 模型文件（被中香炉 2.stl 文件），重复上面步骤就可以完成被中香炉盖子的打印。被中香炉的整体打印制作效果见图 4-6。

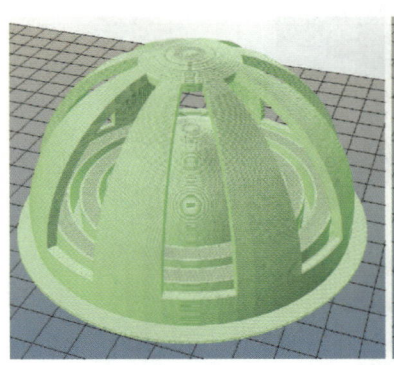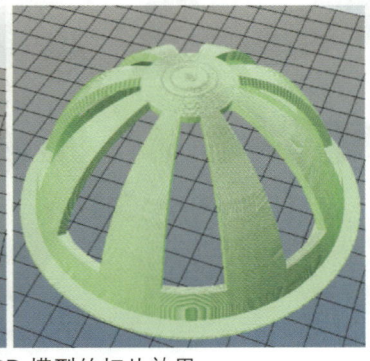

图 4-5　被中香炉 3D 模型的切片效果

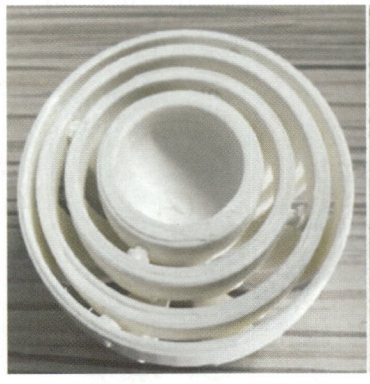

图 4-6　3D 打印制作的被中香炉

 被中香炉的打印时间较长，建议选择课下打印。

试一试

完成被中香炉主体结构的 3D 打印制作后,我们可以用力活动一下两个圆形框架和中间的碗(绕轴运动),用以去除 3D 打印过程中几个轴之间出现的打印材料黏连。当两个圆形框架和中间的碗可以自由转动时,我们就可以组装和试用一下被中香炉了。

小提示 在 3D 打印的设置上,我们没有选择"增加支撑"来辅助打印。由于被中香炉的两半都是半球形,内部的碗也是半球形,因此在 3D 打印的过程中可能会由于打印材料自身的重力原因而产生一些打印瑕疵。这时我们可以进行一些垂料处理,将打印时出现的一些毛边或多余材料用剪刀剪掉(图 4-7)。

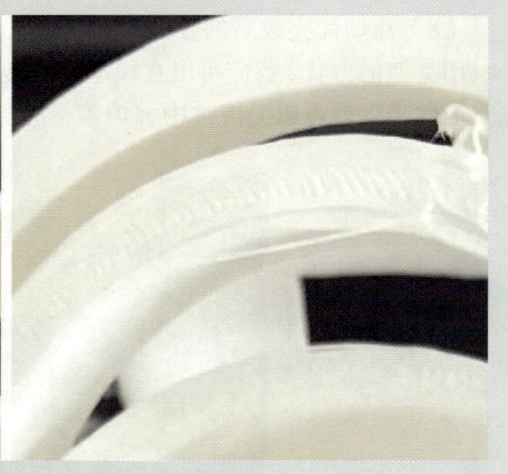

图 4-7 打印后需要处理的一些瑕疵

在被中香炉中间的碗中放入一个重物,然后将被中香炉的盖子盖上,并用细绳或铁扎线将盖子和香炉绑为一体(图 4-8)。沿不同方向缓慢滚动被中香炉,观察碗中的重物是否会掉出来。如果发现重物掉出来了,分析一下可能是什么原因导致的。

被中香炉的工作原理与被中香炉及其内部放入物体的质量密切相关。传统的被中香炉多由铜、银、金等密度较大的金属制作,相比之下 3D 打印材料的密度较小,制作被中香炉时就需要中间的碗和两个圆形框架有一定厚度,以确保质量不会太小。实际上,由于 3D 打印材料本身的物理性质(包括密度、弹性、硬度、强度、导热性、导电性、透光性等)所限,许多对制作材料本身性质有要求的装置和物品都是无法用 3D 打印的方式制作的,这也是 3D 打印技术本身存在的局限性之一。

图 4-8 绑好的被中香炉

创意提升

在完成初步打印组装后,根据试用的效果,我们通过小组讨论,决定对作品进行如下改进:

1. _____
2. _____
3. _____
   _____
   _____
   _____

以小组比赛形式,每小组派代表展示自己小组的作品,包括设计意图、原理功能、优点介绍、不足之处等。

活动3 认识和制作常平架

一、认识常平架

被中香炉这种能够保持中间的碗在运动过程中不会翻倒的结构,也可以应用在一些别的场合。1629年在罗马出版的 *Le Machine*(《机械》)一书中,作者焦瓦尼描述了一种通过常平支架来运送病人的机械设计(图4-9)。从图中我们可以看出,这个机械装置在设计上与被中香炉是一样的。当车辆在行驶过程中发生颠簸、摇动时,装置上的两层外框会随之转动,但处于中间位置的床体仍可以保持稳定。这就能够减少车辆颠簸和摇动对病人的不利影响,这种装置现在被称为常平架。

图4-9 常平架

类似的"常平"装置也用在了航海领域。传统的航海罗盘（指南针）是采用磁铁或磁石制作的，用于在海中指示方向。但由于海浪的影响，船只在海上往往处于颠簸状态。因此，航海家们发明了将航海罗盘放在常平架上的用法。如图4-10所示，放置航海罗盘的架子是由3个圆形框架构成的"常平"结构，这就可以使航海罗盘的指针不会因海浪而晃动，始终指向南北方向。

此外，常平架也常被用于科研领域。最知名的实验是法国物理学家傅科所做的傅科陀螺仪实验。傅科曾在1950年到1951年期间设计发明了用于证明地球自转的傅科陀螺仪。这个装置是将一个高速旋转的陀螺放置在常平架上，通过陀螺转轴方向的变化证明地球的自转。

图4-10 常平架上的罗盘

二、制作常平架

在了解了常平架的内部结构后，接下来可以用3D打印方式，设计并制作一个常平架。常平架的制作过程可以按规划、设计、制作、评价4个阶段进行。

工程规划

小组内根据常平架制作的设计要求，以及组内成员的特长、兴趣，讨论完成常平架制作的整体方案。规划时，我们需要重点梳理出制作过程大致需要哪些工作，组内成员如何分工以及时间如何统筹等。

组内分工：

工作内容	具体分工与负责人	预计耗时	完成情况
全面组织工作（组长）			
画图			
修改模型			
打印机操作			
展示介绍			
创意改进			
其他			

相对于被中香炉，常平架的结构更为简单一些。我们可以尝试使用3D建模软件自己构建出一个常平架模型。整体建模之前，我们需要解决一个设计上的难点：怎样对常平架中连接各框架的轴进行3D建模。

3D设计

在常平架中，连接框架的轴的形状如图4-11所示。我们可以将它视为是5个轴在同一直线上的圆柱体依次衔接构成的图形，包括3个较粗的圆柱体和2个较细的圆柱体。常平架的每个框架（也包括中间承载物体的器皿）上，会有一个与轴匹配的圆孔，并且圆孔的半径大于轴上较细圆柱体的半径，小于轴上较粗圆柱体的半径。这样框架就能够套在轴上。轴为框架提供支撑，同时框架能够绕轴旋转（图4-12）。

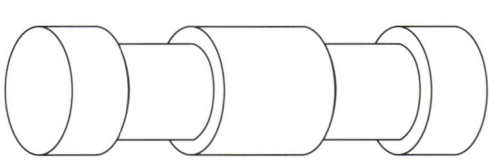 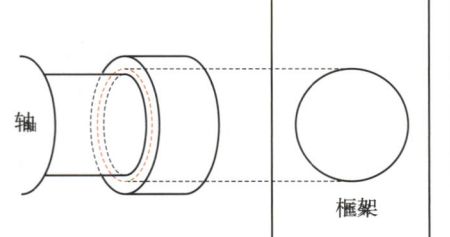

图4-11　连接框架的轴　　　　　　　　　图4-12　框架与轴的连接

那么在3D建模软件中，该如何进行这类结构的建模呢？我们可以参考以下步骤完成这类结构的3D建模。

（1）首先确定好构成轴的两个圆柱体的半径及框架（或器皿）上圆孔的半径。一般来说，框架（或器皿）上圆孔的半径应略大于轴上较细圆柱体的半径。如果两个半径差距较大，那么在绕轴旋转时容易晃动。

（2）在工作界面中导入一个长方体，调整它的长、宽、高作为框架的一条边。接着再导入一个圆柱体，将圆柱体半径调整为框架上孔的半径，圆柱的高略大于长方体的高（图4-13）。

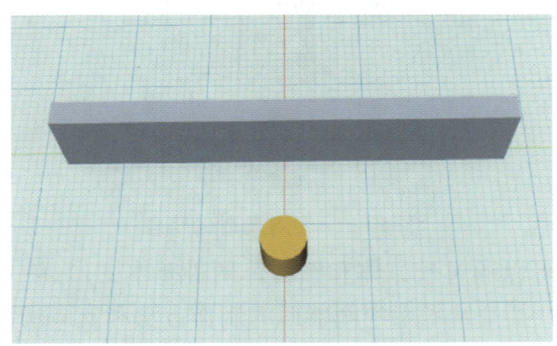

图4-13　导入长方体与圆柱

（3）将圆柱体置于框架（长方体）的中心，与长方体重叠（图4-14）。利用图形的"差"运算（长方体-圆柱体）就可以在框架上制作出一个圆孔。采用同样方式，我们还可以制作出另一个带同样圆孔的框架（图4-15）。

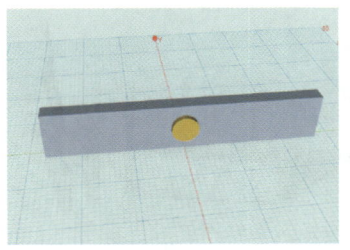 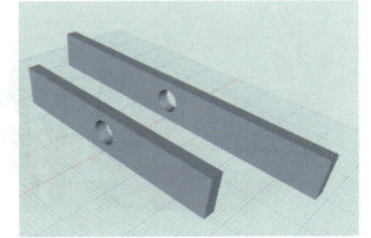

图4-14　圆柱嵌入长方体图　　图4-15　图形"差"运算后带孔的框架

（4）调整两个框架的位置，使它们中间圆孔的轴处于同一直线，并且相互靠近。在工作界面中导入5个圆柱体，根据之前的设计，将它们的半径分别调整为轴上较粗和较细部分的半径（粗半径圆柱体3个、细半径圆柱体2个）。两个较细圆柱体的高应略大于框架的厚度（长方体的高），构成轴中间部分的粗圆柱体的高度应略小于框架之间的距离。另外两个粗圆柱体可设定为较小的高度（图4-16）。

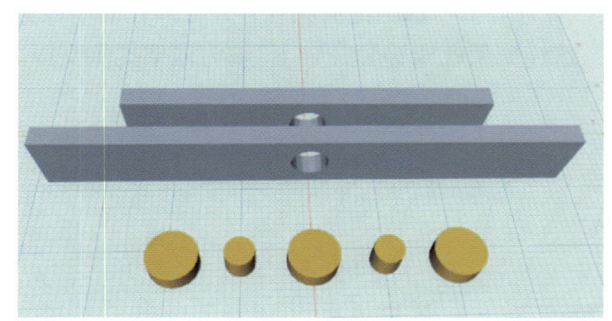

图4-16 框架与轴的组合

（5）将较细的两个圆柱体放在框架的孔中，构成轴中间部分的粗圆柱体放在两个框架之间，另外两个粗圆柱体放在两个框架的外侧。调整位置使得5个圆柱体的轴与框架的圆孔的轴处于同一直线，并且5个圆柱体彼此相连。最后我们使用"并"运算将5个圆柱体合成为一个整体。这就完成了结构的设计（图4-17）。

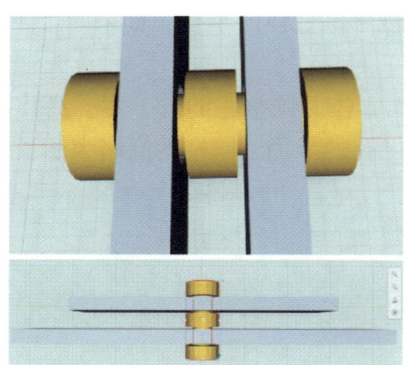

图4-17 框架与轴的组合

采用上面的方式，我们可以通过长方体和圆柱体两种基本图形逐一构造出常平架的两层框架、中间的器皿以及下方的支脚。其中常平架中间器皿的制作方法和支脚的制作方法可参考图4-18和图4-19，3D模型如图4-20所示。

在建模时我们需要注意：对常平架来说，中间的器皿底部必须明显低于框架所在的平面。放入重物后，重物的中心低于框架所在平面时，整个常平架才能保持平稳。这与被中香炉构造是类似的。

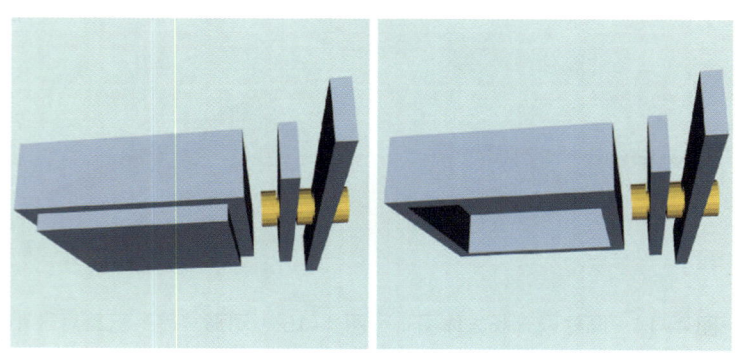

图4-18 常平架中间器皿的建模方法

第四单元　设计和制作被中香炉与常平架

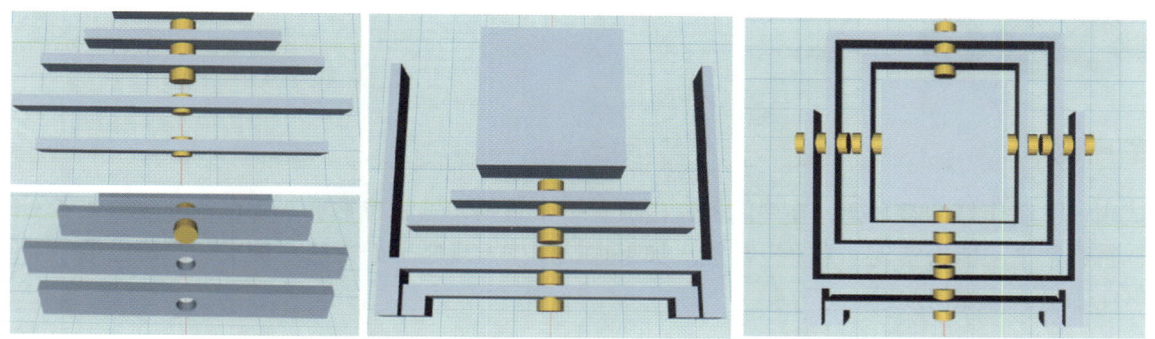

图 4-19　常平架下方的支脚　　　　　　图 4-20　常平架 3D 模型

完成 3D 建模后，导出 3D 模型（stl 文件），并保存工程文件。

　如果建模过程中发现自己做错了，可以通过 3D 建模工作界面上方工具栏的  来撤销操作，回到上一步。如果撤销后未做改动，也可以恢复下一步。

打印制作

完成常平架的建模后，我们就可以用 3D 打印机将它制作出来了。3D 打印制作的流程与其他模型类似：

（1）将 3D 模型文件拷入 U 盘，并导入 3D 打印机。
（2）在 3D 打印机中，选择模型进行参数设置和模型切片。
（3）完成模型切片后，开始打印制作常平架模型（见图 4-21）。

图 4-21　制作完成的常平架模型

51

试一试

试用一下制作好的常平架,在中间器皿内放置一个重物,然后将常平架放在各种倾斜或者不平的地方,看看常平架能否实现"常平"功能。如果在试用中发现常平架无法"常平",请思考一下问题可能出在哪里,该如何改进。

在完成初步打印组装后,根据试用的效果,我们通过小组讨论,决定对作品进行如下改进:

1. _____
2. _____
3. _____
   _____
   _____
   _____

小提示 　　如果常平架或被中香炉的轴在转动时摩擦力较大,破坏了"常平"效果,可以在轴上抹一些润滑剂以减小摩擦。

以小组比赛形式,每小组派代表展示自己小组的作品,包括设计意图、功能原理、优点介绍、不足之处等。

在交流分享的同时，各小组要进行自我评价和互相评价。

1. 小组自评

序号	评分项目及标准（满分100分）	等级 A	等级 B	等级 C	自我评分	教师评分
1	态度与纪律（15分）	参与态度积极、遵守纪律（11～15分）	参与态度一般，较遵守纪律（6～10分）	参与态度不好，不遵守纪律（1～5分）		
2	初步认识被中香炉，了解其中原理（10分）	通过学习、展示及成品质量等来证明达到熟悉的程度（8～10分）	通过学习、展示及成品质量等来证明达到一般的程度（5～7分）	通过学习、展示及成品质量等来证明还不太熟悉（1～4分）		
3	会使用长方体、圆柱体两种基本图形构造出常平架的3D模型（10分）	通过学习、展示及成品质量等来证明达到熟悉的程度（8～10分）	通过学习、展示及成品质量等来证明达到一般的程度（5～7分）	通过学习、展示及成品质量等来证明还不太熟悉（1～4分）		
4	操作打印制作完成的常平架和被中香炉（20分）	通过学习、展示及成品质量等来证明达到熟悉的程度（15～20分）	通过学习、展示及成品质量等来证明达到一般的程度（8～14分）	通过学习、展示及成品质量等来证明不太熟练（1～7分）		
5	展示解说（15分）	解说详细、流畅、自信（11～15分）	解说详细度、流畅度、自信度一般，声音较小（6～10分）	解说过于简单、不流畅、缺乏自信，声音小（1～5分）		
6	创意设计（15分）	在二次设计中有自己的优良创意改造，可行性强（11～15分）	在二次设计中有一定的创意改造，可行性一般（6～10分）	在二次设计中很少或没有创意改造，可行性差（1～5分）		
7	分工合作与沟通（15分）	小组成员分工明确并实施优秀，成员间沟通良好（11～15分）	小组成员分工一般，有部分职责或人员分工没考虑到，实施一般，成员沟通一般（6～10分）	小组成员分工简单，许多职责或人员分工没考虑安排，实施较差，成员沟通不良（1～5分）		
8	小计					
总结与反思	从外形、创意、实用等角度评估一下本小组制作出的作品。与其他组的作品比，本组作品的优点和不足都有哪些？如何改进？					

2. 组间互评

序号	评价项目	填写评价内容
1	其他小组制作的作品中,哪个小组的作品最好?	
2	对于评价项目1中所选的小组,他们的作品好在哪里?请举例说明。	
3	选择一个小组制作的作品,指出他们的作品在哪些地方还可以进一步改进或完善。	

第五单元　设计和制作公道杯

　　虹吸是一种常见的物理现象，在我国古代的生产生活中有着广泛的用途，比如用于农田灌溉和建筑排水。本单元我们来认识一下什么是虹吸现象，并尝试制作一个具有魔术般效果的"公道杯"。本单元我们继续尝试进行 3D 建模，通过图形之间的运算，尝试设计和构造一个复杂的三维图形——公道杯的 3D 模型。本单元需要用到 3D 打印机和 3D 建模软件。

情景导入

相传，朱元璋建立明朝后，一天宴请他的开国功臣们。席间，朱元璋拿出一只瓷质酒杯对大家说："卿等与朕南征北战，纵横沙场。功绩大小，尔等自知。朕今日亲自斟酒赐饮，尔等可视自己功劳多寡定斟酒长短。"说完，令徐达第一个上前领赏。徐达一来好酒贪杯，二来自恃功高，竟让朱元璋把杯中酒斟得满溢，谁知他刚端起酒杯，这酒竟全都漏光了。而其他人只要不斟满都可尽得甘醇。众人百思不得其解。朱元璋笑着说："此乃景德镇御器厂奉朕之命所造的九龙公道杯。古人曰：'谦受益，满招损'。众爱卿今日一试，其公其道，以为如何?!"

这虽然是一个传说故事，但在我国历史上，这种装满酒水后就会全部漏光的公道杯是真实存在的，其历史能追溯到宋朝。公道杯又叫"戒盈杯"，是利用虹吸原理制作的一种有趣的器皿。杯心直立一龙首，外底部有一漏孔。注水，浅，则滴水不漏；满，则水流殆尽，故称"公道杯"。"知足者酒存，贪心者酒尽"，寓示世人办事处世必须讲究公道，不可贪得无厌。公道杯赋予人们的千古事理于当今社会而言，就是诚信经营、公平合理。

看似神奇的公道杯，其工作原理实际是一种与液体的流动性及大气压强有关的虹吸现象。下面，我们就来学习一下这种公道杯的工作原理，以及如何用3D打印技术来设计和制作一个公道杯。

学习任务

1. 了解什么是虹吸现象，初步了解虹吸现象的原理；
2. 了解传统样式公道杯的结构和能够排水的原因；
3. 通过3D建模软件制作一个公道杯，进一步体会如何运用图形间运算来进行复杂3D图形的建模；
4. 用3D打印机制作公道杯；
5. 试用制作好的公道杯，并进行自我评估和改进；
6. 探究和设计一个外观为现代风格的公道杯，并尝试进行制作。

活动 1　认识虹吸现象

一、虹吸现象的原理

> 在给鱼缸换水的时候，把管子里的空气挤出，然后插到水里，水就源源不断地涌出，这是为什么呢？在我们的日常生活中，还有许多利用虹吸现象的例子。请你和同学们一起上网搜集资料，分享身边常见的虹吸现象的例子。乐于探究的同学，还可以尝试设计一个小体验活动，让大家一起来体验一下虹吸现象的神奇，加深对虹吸现象原理的理解。

虹吸（syphonage）是利用液面高度差的作用力现象，将一根倒 U 形的管充满液体后，将开口高的一端置于装满液体的容器中，容器内的液体会持续通过虹吸管向更低的位置流出，如图 5-1 所示。

虹吸的实质是因为压强差。如图 5-3 所示，我们可以看到左右两侧的高度：$h_1<h_2$。我们将最高点 C 点作为参考点，根据**帕斯卡定律** $p=\rho gh$：

从左侧看，A 点（水面位置）的压强为大气压 p_0，C 点的左侧压强 p_1（来自左边的容器）为：$p_1=p_0-\rho gh_1$；

从右侧看，B 点（水面位置）的压强为大气压 p_0，C 点的右侧压强（来自右边的容器）为：$p_2=p_0-\rho gh_2$。

由于两边的高度不同，因此我们可以看出 C 点左右两侧的压强不相同，左侧压强与右侧压强的差为 $p_1-p_2=\rho g(h_2-h_1)$。又因为 $h_1<h_2$，可以知道 C 点左侧的压强大于右侧，在大气压和液体压强的共同作用下，管中的水会朝右侧移动。实际上，如图 5-1 这样的装置中，倒 U 形管内任何一点的液体左侧压强都大于右侧压强，并且压强差都等于 $\rho g(h_2-h_1)$。因此，在这个系统中，左侧杯中的液体会顺着管子源源不断地流向右侧杯中。这个现象就是虹吸现象，倒 U 形管称为虹吸管。

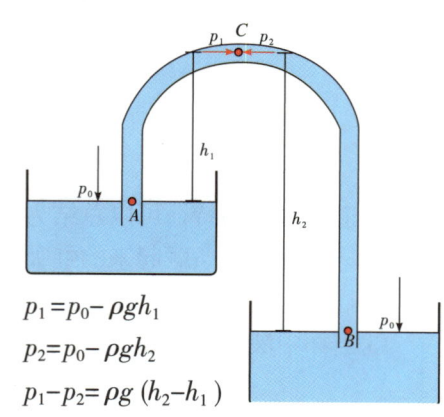

图 5-1　虹吸现象原理

总体来说，虹吸现象有以下几个特征：

①虹吸管内部充满液体，且两侧管口所在位置的液面有高度差；

②虹吸管的最高点高于两侧液面；

③虹吸现象发生时，液体会从液面较高的一侧通过虹吸管流向液面较低的一侧。

二、公道杯中的虹吸现象

"公道杯"就是利用虹吸的原理来制作的。传统的公道杯中，杯子中间会有一个小型的雕像，形象上可能是龙或小人等。虹吸管就藏在这个雕像里。图 5-2 所示是一个简易公道杯的结构，可以看到虹吸管左侧一端的管口在杯子底部，通向杯外，右侧一端管口位于杯内底部。

当我们向杯中注入液体时，由于连通器的效果，杯中的液面会与虹吸管右侧的液面同步升高（见图 5-3）。当杯中的液面超过虹吸管的顶部最高点时，由于重力原因，管中的液体会顺着虹吸管的左侧流出（见图 5-4）。

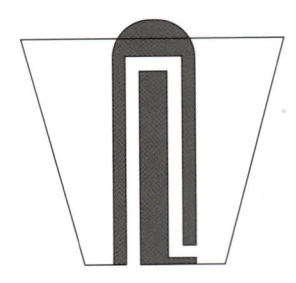 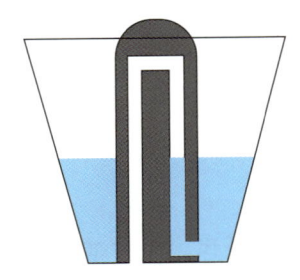 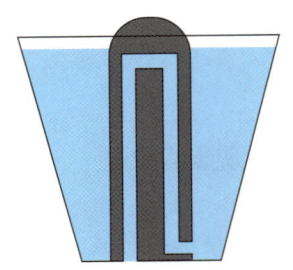

图 5-2 简易公道杯的结构　　图 5-3 液面低于顶部最高点　　图 5-4 液面高于顶部最高点

随着杯内的液体从虹吸管左侧不断流出，杯中的液面会逐渐下降到虹吸管最高点以下（见图 5-5a）。由于虹吸现象，杯中的液体在液面低于虹吸管最高点后仍会不断通过虹吸管从杯底流出，直到杯中的液体全部流空（见图 5-5b）。

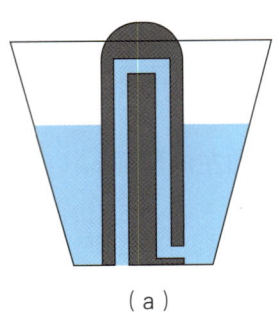 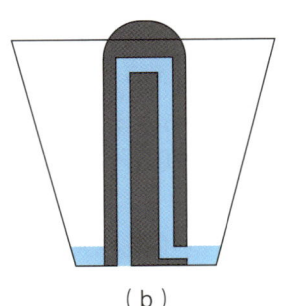

（a）　　　　　　　　　（b）

图 5-5　杯内的液体流出

公道杯本身的特征可以总结为以下三个方面：
①杯中存在一条藏起来的虹吸管；
②虹吸管的一端管口在杯内底部，另一端则在杯外底部；
③当杯中液面高度超过虹吸管顶部时，杯中的液体就会因虹吸现象而完全流出杯外。

活动 2　制作公道杯

了解公道杯中的虹吸原理后，我们就可以运用 3D 打印来制作一个公道杯了。制作一个公道杯，我们需要大致经历规划、设计、制作、评价 4 个阶段。

工程规划

小组内根据公道杯的原理和 3D 模型构建、3D 打印已有经验，以及组内成员的特长、兴趣，讨论完成公道杯的整体计划方案。规划时，我们需要重点梳理出制作过程大致需要哪些工作，组内成员如何分工，时间如何统筹。

 公道杯的 3D 打印制作过程时间比较长，想想怎么安排时间比较合理。

组内分工：

工作内容	具体分工与负责人	预计耗时	完成情况
全面组织工作（组长）			
画图			
修改模型			
打印机操作			
展示介绍			
创意改进			
其他			

3D 设计

在 3D 建模前，先根据前面学习的公道杯的原理，在纸上画一个公道杯的草图。我们在第 3 单元已学过 3D 图形建模基本方法，用这种方法我们就可以制作出一个公道杯的 3D 模型了。

公道杯 3D 建模的核心问题是如何在杯子中构造出一条虹吸管，这需要运用到图形的"并""差"运算。

 模型库中已经提供了几种普通杯子 3D 模型。

公道杯 3D 图形的具体建模方法可参照以下步骤：

（1）搜索并在 3D 建模软件的工作界面中导入一个杯子的模型（见图 5-6）。

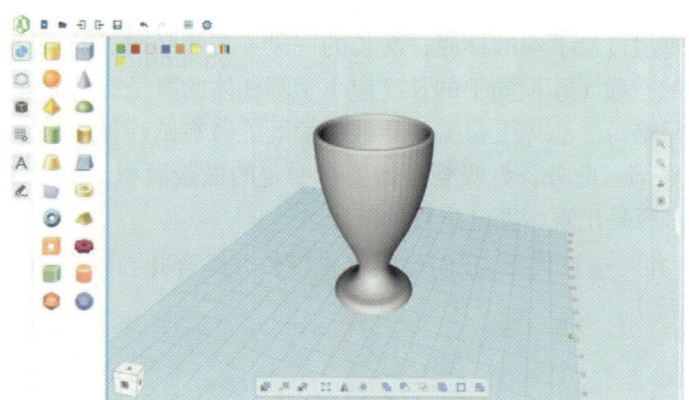

图 5-6　杯子的模型

（2）在基础图形中选择圆柱体导入工作界面（见图 5-7），并调整圆柱的高度略低于杯子的高度，直径略小于杯底（内部）的直径。如图 5-7 所示，杯子的底部直径约 20 mm，圆柱体的直径为 15 mm。

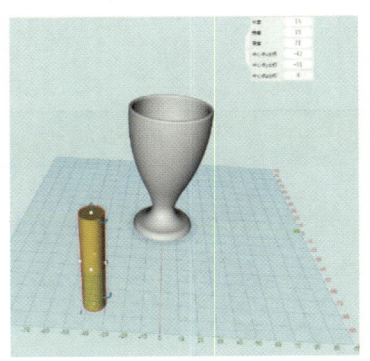

图 5-7　圆柱体导入

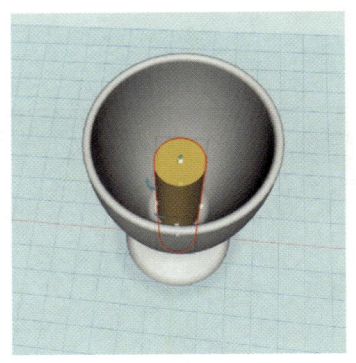

图 5-8　圆柱体与杯子相连

（3）将圆柱体与杯子的轴线重叠，圆柱体的底部与杯子底部相连（见图 5-8）。通过图形的"并"运算 ，使杯子和圆柱体结合为一个整体（图 5-9）。

注：在 3D 建模软件的工作界面中，依次选择杯子、圆柱体后，再点击下方的 图标，即可进行两个图形"并"运算（图 5-10）。

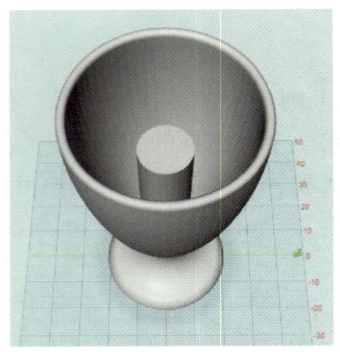

图 5-9　合并后的 3D 模型

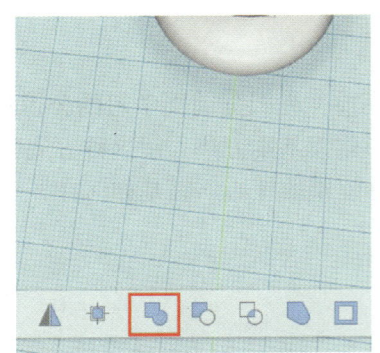

图 5-10　图形的"并"运算图标

（4）杯子中的圆柱体，就相当于传统公道杯中的龙或人物塑像，公道杯的虹吸管就藏在其中。而后，我们需要制作一条倒 U 形的虹吸管。为了建模的方便，这里我们将虹吸管做成方形——在工作界面的基本图形中选择导入 4 个不同长度的长方体，来组成虹吸管，见图 5-11。

（5）在制作虹吸管时，最重要的是估算每段虹吸管的长度。如图 5-12 所示，虹吸管中最长的一段（左侧竖向），下端应超过最下端的杯底；次长的一段（右侧竖向）的长度应与杯内圆柱体的高度基本相同；倒 U 形上面的一段（顶横向）的长度应小于圆柱体的直径；倒 U 形管右侧末端的一段（横向）的长度比圆柱体半径略短。总体上，需要让虹吸管既能藏在圆柱体内部，又能使其两端分别露出在杯底座之外和杯内的底部。此外，虹吸管还需要有一定的横截面积，由于 3D 打印制作时有误差，若横截面积太小，打印时容易出现堵塞虹吸管的情况。

（6）利用图形的"并"运算 ，我们可以将 4 段长方体合并为一个 3D 图形，也就是公道杯内虹吸管的形状（见图 5-13）。

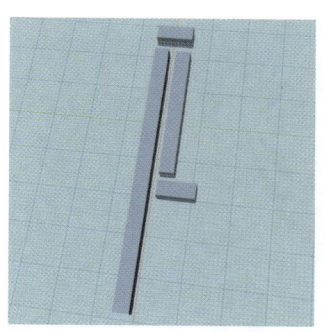
图 5-11 虹吸管的组成

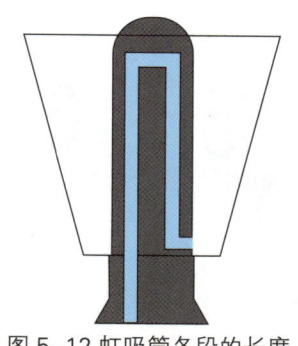
图 5-12 虹吸管各段的长度

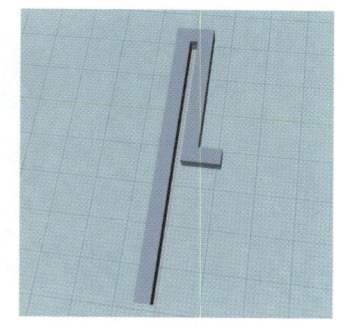
图 5-13 公道杯内虹吸管

（7）接着，我们需要调整虹吸管 3D 模型的角度和位置，让虹吸管整体处于杯子模型的内部，并让虹吸管左右两端伸出杯子模型之外（见图 5-14）。

注：虹吸管的最上部可以与圆柱体的最上部平齐。

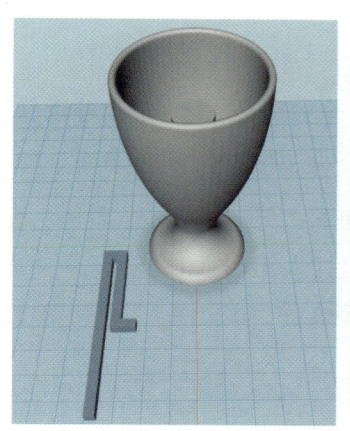
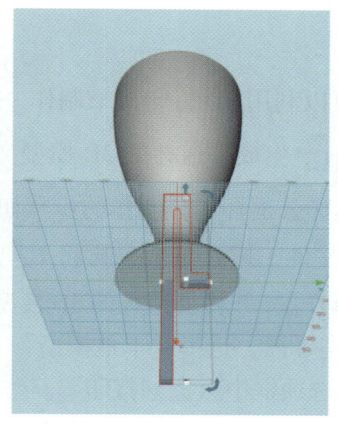
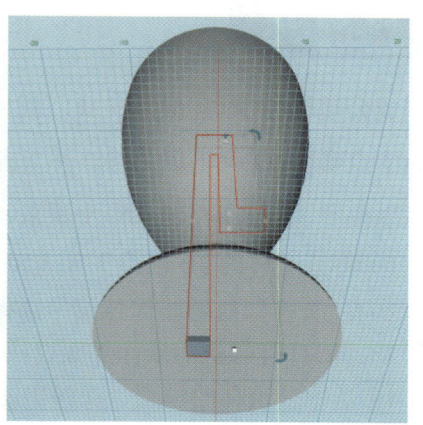

图 5-14 虹吸管 3D 模型的调整

（8）对杯子模型与虹吸管模型进行"差"运算 （杯子模型－虹吸管模型），就可以在杯子模型中制作出中空的虹吸管了（见图 5-15）。

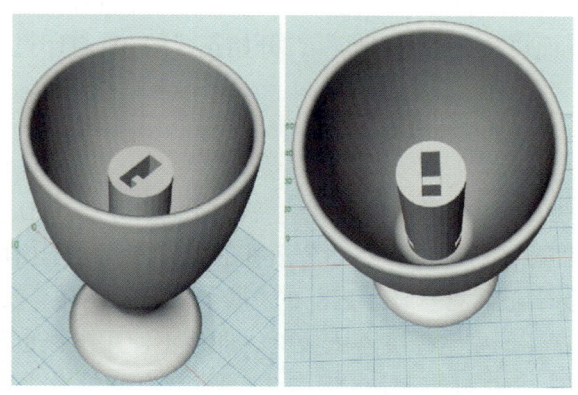

图 5-15 空的虹吸管

（9）从基础图形中导入一个半球形，并设定其半径与杯子模型中圆柱体的半径相同。将这个半球形盖在圆柱体的顶端（相互接触），并利用图形的"并"运算 进行合成，一个公道杯的 3D 建模就完成了（见图 5-16）。

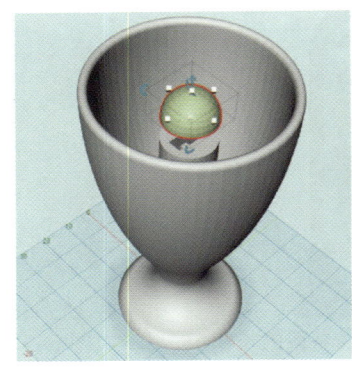

图 5-16 公道杯的 3D 模型

完成公道杯的 3D 建模后,我们就可以利用 3D 打印机来制作一个公道杯了。在 3D 建模软件的工作界面中点击 保存工程文件,并点击 生成公道杯的 3D 模型文件(保存为 stl 文件)。然后,我们就可以按照 3D 打印机的操作步骤来制作公道杯了。制作的步骤如下:

(1)将公道杯的 3D 模型文件(stl 文件)拷入 U 盘,再将 U 盘插入 3D 打印机。
(2)在 3D 打印机的操作界面中选择 U 盘,并将公道杯的 3D 模型文件(stl 文件)保存到 3D 打印机。
(3)将 3D 打印机的操作界面返回主界面,选择"本地模型"。
(4)选中公道杯的模型,在弹出的选项框中点选"打印"。
(5)界面中呈现出公道杯的 3D 模型图形后,点选下方的"打印"。
(6)在参数设置界面中,可使用默认参数进行打印。推荐使用中精度(0.2mm),填充率 20%,无支撑材料、无打印底座、有打印裙边的参数设置。

注:这个杯子模型的重心较高,有打印裙边可以增加打印制作过程中的稳定性。

(7)点击参数界面最下方的"打印",完成 3D 模型的切片过程。
(8)在切片完成后的界面再次点击"打印",开始正式的 3D 打印过程。

在设置 3D 打印机时需要注意:我们前面学习过,3D 打印机制作悬空的部分是需要支撑辅助才能打印的。然而公道杯的导管深入杯子内部,如果用支撑辅助来打印悬空的部分,最后有些杯子内部的支撑物将很难拆除。实际上在进行 3D 打印时,类似虹吸管这样的中空跨度不太大的,即使不使用支撑也能打印出来。只不过不使用支撑辅助时,3D 打印制作会因为打印材料自身的重力作用而产生一些变形。我们今天制作的公道杯,由于虹吸管藏在杯子内部,即使导管有一些变形,也不会影响公道杯的外观,因此打印时是不设置支撑的。

试一试

在公道杯中注入水,当水面超过虹吸管的顶端时,水会顺着下面的小孔流出来(图 5-17)。试一下你制作的公道杯,看看水是否能漏出来。

如果公道杯无法漏水,或者水漏了一半就停了,可能是以下原因造成的:

(1)可能是虹吸管设计得过细,导致在打印过程中堵住了。我们可以先倒掉杯中的水,然后从杯底的小孔向杯内吹气。如果虹吸管堵住了,气就无法吹进去;反之,气可以从底部小孔顺着虹吸管吹入杯内。若吹气后确定虹吸管不通,则说明本次制作失败了,需要重新调整公道杯 3D 模型,再次打印制作。

(2)虹吸管横截面过小。如果我们制作的虹吸管横截面积比较小,管比较细,那么水的表面张力也有可能阻碍虹吸效应的形成。这时我们可以轻轻晃动杯子,或在杯中增加一些肥皂水,都可以破坏水的表面张力,促发虹吸效应。当然,这些做法必须在保证虹吸管通畅的基础上才有效果。

图 5-17 公道杯试用效果(水面超过虹吸管顶部后,杯底开始漏水)

把打印出来的公道杯进行试用检测。

以小组为单位选出代表,向其他小组介绍一下本组公道杯的设计、制作过程,并展示作品。同时,也要认真聆听其他小组的介绍,了解其他小组的设计和制作成果有哪些特点。对比一下本组的作品,看看谁做得更好。

创意提升

在完成公道杯的初步打印组装后，根据试用的效果，通过小组讨论，决定对作品进行如下改进：

1. _____
2. _____
3. _____
_____
_____
_____

以小组为单位进行公道杯设计、制作、使用方面的体会交流。可以从3D建模的方法、整个设计制作流程的环节次序、最终作品的评价等几个方面开展小组间的交流。也可以从设计意图、原理功能、优点介绍、不足之处等方面展开。

在交流分享的同时，各小组同学要进行以下自我评价和互相评价。

1. 小组自评

序号	评分项目及标准（满分100分）	等级 A	等级 B	等级 C	自我评分	教师评分
1	态度与纪律（15分）	参与态度积极、遵守纪律（11~15分）	参与态度一般，较遵守纪律（6~10分）	参与态度不好，不遵守纪律（1~5分）		
2	了解虹吸现象，懂得公道杯排水的工作原理（10分）	通过学习、展示及成品质量等来证明达到熟悉的程度（8~10分）	通过学习、展示及成品质量等来证明达到一般的程度（5~7分）	通过学习、展示及成品质量等来证明还不太熟悉（1~4分）		
3	能用3D建模软件设计一个公道杯的3D模型（15分）	通过学习、展示及成品质量等来证明达到熟悉的程度（11~15分）	通过学习、展示及成品质量等来证明达到一般的程度（6~10分）	通过学习、展示及成品质量等来证明还不太熟悉（1~5分）		
4	会用3D打印机制作公道杯（15分）	通过学习、展示及成品质量等来证明达到熟悉的程度（11~15分）	通过学习、展示及成品质量等来证明达到一般的程度（6~10分）	通过学习、展示及成品质量等来证明不太熟练（1~5分）		

续上表

序号	评分项目及标准（满分100分）	等级 A	等级 B	等级 C	自我评分	教师评分
5	展示解说（15分）	解说详细、流畅、自信（11～15分）	解说详细度、流畅度、自信度一般，声音较小（6～10分）	解说过于简单、不流畅、缺乏自信，声音小（1～5分）		
6	创意设计（15分）	在二次设计中有自己的优良创意改造，可行性强（11～15分）	在二次设计中有一定的创意改造，可行性一般（6～10分）	在二次设计中很少或没有创意改造，可行性差（1～5分）		
7	分工合作与沟通（15分）	小组成员分工明确并实施优秀，成员间沟通良好（11～15分）	小组成员分工一般，有部分职责或人员分工没考虑到，实施一般，成员沟通一般（6～10分）	小组成员分工简单，许多职责或人员分工没考虑安排，实施较差，成员沟通不良（1～5分）		
8	小计					
总结与反思	从外形、创意、实用等角度评估一下本小组制作出的作品。与其他组的作品比，本组作品的优点和不足都有哪些？如何改进？					

2. 组间互评

序号	评价项目	评价内容
1	你觉得其他小组制作的公道杯中，哪个小组的公道杯最好？	
2	对评价项目1中所选的小组，举例说明他们的公道杯好在哪里？	
3	你觉得他们的公道杯还有哪些地方可以进一步改进或完善。	

3. 撰写项目总结报告

撰写一篇制作公道杯的项目总结报告。报告的内容应包括以下几个方面：
①项目概况；
②项目中任务的总目标和分解目标（阶段目标）；
③项目过程中各环节的次序及完成时间；
④项目成果（公道杯）的完成情况；
⑤对整个项目的自我评价和反思。

探究如何制作现代造型的公道杯

前面几个活动中，我们设计制作的公道杯都是依据古典的传统公道杯造型为依据的。在这种古典的公道杯造型中，虹吸管可以很自然地藏在杯子中间的圆柱体（或塑像）中。实际上，只要我们掌握了公道杯的基本原理和 3D 建模的设计方式，公道杯的造型设计也就不仅限于古典形式了。

请以小组为单位，尝试设计和制作一个具有现代风格造型的公道杯。

在设计过程中，可以采用以下的探究步骤：

①通过网络先查找一下现代风格的杯子有哪些造型，哪种造型比较适合用来制作公道杯？

②在纸上画出草图，特别需要思考一下，现代风格的杯子外形应该怎样进行 3D 建模？能用简单图形之间的"交""并""差"运算来完成建模吗？

③当有了杯子的 3D 模型后，思考一下公道杯的虹吸管可以藏在哪里，虹吸管设计成什么形状比较合适？

④完成了公道杯的 3D 模型设计后，保存设计的工程文件，并导出 3D 模型进行 3D 打印制作。

⑤完成制作后，试用一下公道杯，看看是否能产生虹吸现象。

⑥与其他小组交流一下设计心得。

第六单元　设计和制作印章

　　印章是用作印于文件上表示鉴定或签署的文具。在我国，印章的历史悠久，兼具实用性与艺术性。本单元的主题是设计制作一枚个人印章，需要使用到 3D 建模工具和 3D 打印机。此外，本单元还需要准备砂纸和印台，用于印章的优化与使用。

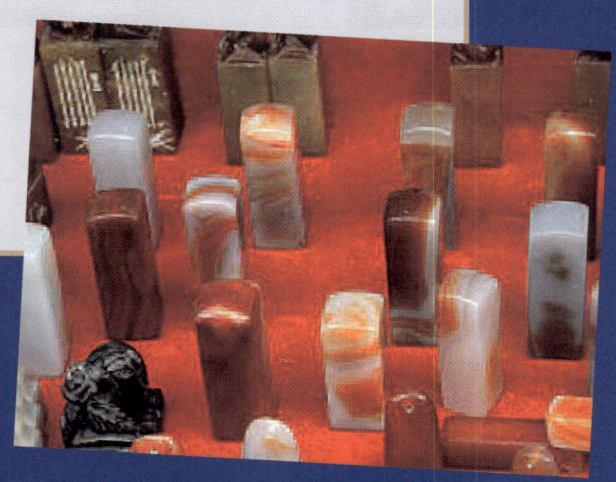

情景导入

你见过印章吗？印章又叫图章，在我国有悠久的历史。近代考古工作发现，早在商朝时期，我国的古人就开始使用印章了。

印章最早的职能是作为官方具有法律效力的信物凭证，多为官方使用。秦朝之前，印章被统称为鉨。秦朝时，皇帝的印章称为玺，普通官员的印章则称为印。汉代时期，皇帝、皇后、诸侯王的印章均可称为玺，丞相、将军、御史大夫的印章称为章法，列、乡、亭等小官吏的印章称为印。明清时期，皇帝的印章仍称为玺，一般官印称为印，边防、关隘使用的印章称关防，职位较低的小官的印章称为钤或戳记。

除了历代官方的印章外，中国古代民间使用的印章出现于元朝，并于明、清两朝快速发展。民间印章的发展，特别是文人墨客在印章铸造或雕刻方面的不断追求，使得我国古代的印章发生了从单纯的实用性到实用性与艺术性并存的转变。印章的这一特点一直延续至今。

本单元要设计和制作的是私人印章，简称私印，是一种个人的信物凭证，常见的内容为名字、字号、馆斋等。这种印章在当今社会仍有着十分广泛的用途，如部分个人商业合同、文艺创作、书画收藏等场合，都会用到私人印章。下面我们就来试一试如何用3D打印技术来制作一枚属于你的私人印章吧。

学习任务

1. 了解印章中字的几何特征，并能够使用3D建模软件制作文字的3D模型；
2. 能通过3D建模软件中图形的运算，将文字的3D模型与印章的外型3D模型合成为阳文印章和阴文印章；
3. 通过3D打印方式分别制作一枚阳文印章和一枚阴文印章；
4. 知道如何处理打印好的印章；
5. 知道如何制作一枚印制内容为图案的印章。

第六单元 设计和制作印章

活动 1　认识印章

中国的书画篆刻艺术，作为中华民族的优秀传统文化的重要组成部分，千百年来一直为人们所喜闻乐见。那么同学对印章及其篆刻又了解多少呢？同学们不妨利用课余时间，收集一些印章，跟其他同学们展示分享；或上网搜集资料，了解我国印章及其篆刻艺术的发展历史，寻访身边的印章篆刻大师，加深对印章篆刻艺术的理解。

一、印章中"字"的特点

对于印章的制作来说，手工雕刻是最基本的方法，其流程是：先在印章材料的印面上手写文字（或图案），然后用雕刻工具将文字（或图案）以外的空白部分挖去，使文字（或图案）凸出在印面上，最后对文字（或图案）及轮廓线进行修整，即可得到一枚印章。

想象我们手持一枚印章，调整印章方向使印面朝上，观察印面上的字有什么特点（见图6-1），和我们平时书写的字一样吗？

图6-1　1949年"湖南省人民政府"印章

1. 镜像文字

为了使印章印出来的文字（或图案）是正常的，在制作印章时，需要在印面上雕刻镜像的文字（或图案）。这与我们在数学中学过的对称变换十分相似。如图6-2所示，如果我们要做一枚"刘建国"的印章，就需要将这三个字做一次镜像变换，在印面上雕刻"反过来"的字。这样才能使印章印出来的字是正向的。

![印章上的文字　印后文字效果]

图6-2　印章的"字"与印后文字的对称关系

2. 阳文与阴文

我国古代在进行雕刻时，笔画凸起的叫阳文，笔画凹下的叫阴文。在制作印章时，同样有阳文和阴文两种制作文字（或图案）的方法。图6-3为同样内容的阳文印章和阴文印章的对比。

图6-3　阳文印章与阴文印章的对比

从图6-3中我们不难看出，阳文印章的效果，红色文字是由印章中凸出的部分印制出来的。而阴文印章则相反，文字显示为白色，是由四周的部分印制出的红色反衬出来的空白效果。

在设计和制作印章时，阴文和阳文两种方式都是可以采用的。私人印章要具备以下特点：

1. **独特性**。个人印章每个人都不同，要有自己个人印章的风格。
2. **印刻清晰**。个人印章一般用于公用，效力等价于个人签名，需要做到清晰好认，一目了然；主要字体可选用行楷、隶书等字体。
3. **要使用得当**。由于个人印章的作用是用来代替个人签名，需要承担相应责任，最好不要外借及随意钤盖。
4. **大小合适**。根据自己的使用场合及用处，定制大小得当的印章即可。
5. **数量合适**。一个人有一两个公用的个人印章即可，但对于收藏类印章则无要求。

注意：私刻公章是违法行为，将视问题的性质和情节轻重，会受到治安管理处罚，甚至会判刑入监，同学们必须要遵纪守法。

活动 2 制作自己的印章

在学会了简单的将二维图形 3D 化的方法后，我们可以将自己的名字转化为 3D 模型（无论阴文或阳文）。接下来可以用 3D 打印方式，设计并制作一个自己的印章。印章的制作过程可以按规划、设计、制作、评价 4 个阶段来进行。

工程规划

小组内根据印章制作的镜像对称原理，以及组内成员的特长、兴趣，讨论完成印章制作的整体计划方案。规划时，我们需要重点梳理出制作过程大致需要哪些工作，组内成员如何分工以及时间如何统筹。

组内分工：

工作内容	具体分工与负责人	预计耗时
全面组织工作（组长）		
文字设计		
修改模型		
打印机操作		
展示介绍		
创意改进		
其他		

印章的 3D 打印制作过程时间比较长，想想怎么安排时间比较合理。

3D设计

当我们想用3D打印机制作一枚个人印章时,如何将自己的名字转化为3D模型(无论阴文或阳文)就成了一个关键问题。下面,我们学习一种简单的将二维图形3D化的方法。

图6-4所示是一个正方形图形,如果我们将它想象为放在平面上(图6-5),并给它设置一个高度(图6-6),这个平面的正方形就转化成为了一个立体图形。我们使用3D打印技术就可以将它制作出来了。

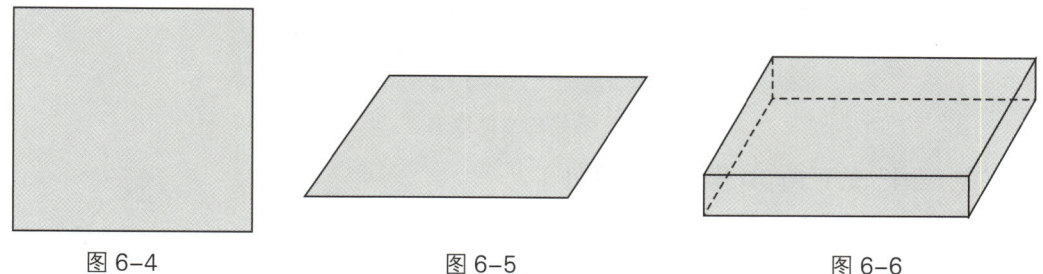

图6-4　　　　　　　图6-5　　　　　　　图6-6

对于名字中的文字来说,我们也可以采用类似的方法将它们进行3D化,变成一个立体图形,进而打印出来。图6-7所示是一个"王"字(微软雅黑字体)。我们可以将这个字看成一个平面图形,并给它设置一个高度,"王"字就变成了一个立体文字。

图6-7

在实际设计制作中,我们可以通过3D建模软件的下列步骤来实现这一点。这里我们以"刘建国"这一名字为例,制作正向和镜像两个"名字"3D模型。

1. 正向文字模型

(1)如图6-8所示,打开3D建模软件的绘图板,选择左侧"文字"模块,在文字框内输入"刘建国",并选择字体、样式和大小,点击添加,得到图6-9所示界面。

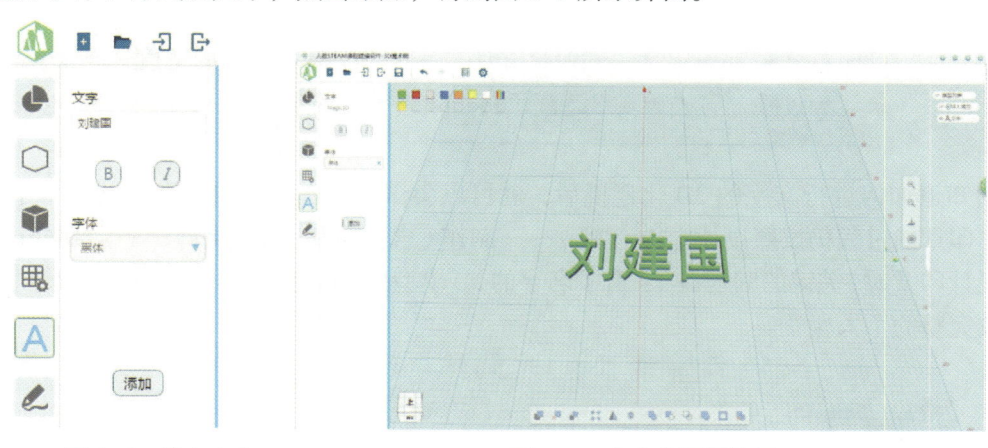

图6-8　输入文字　　　　　　图6-9　名字的平面效果

（2）选择坐标参数，设置文字高度，让"刘建国"变得立体，如图6-10所示。

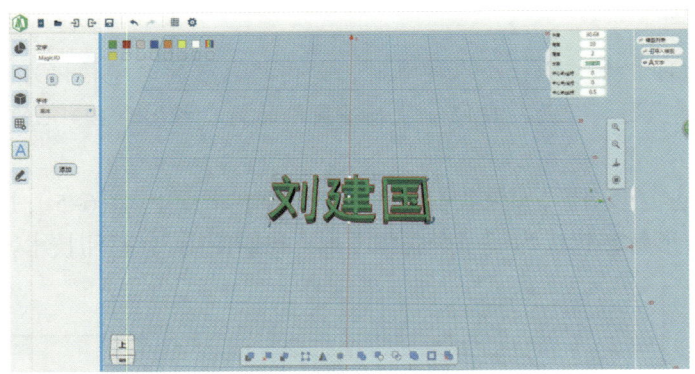

图6-10　名字的立体效果

（3）保存"刘建国"的正向3D模型（stl文件）。

2. 镜像文字模型

（1）打开3D建模软件的绘图板，制作"刘建国"的正向3D模型。

（2）选择"镜像翻转"，让"刘建国"做一个对称变换，翻转过来，如图6-11所示。

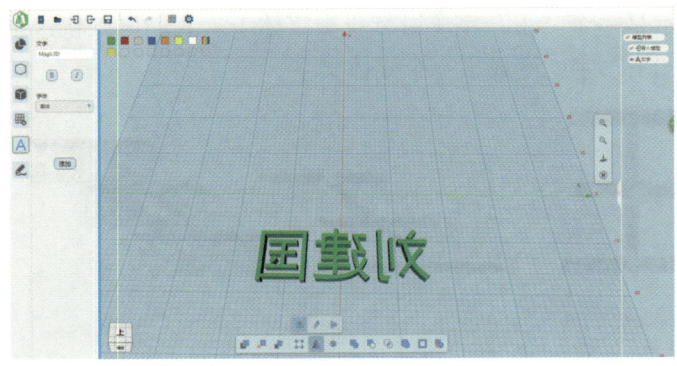

图6-11　镜像名字的立体效果

（3）保存"刘建国"的镜像3D模型（stl文件）。

　　需要注意的是，通常3D打印机的水平方向打印精度为0.2 mm，因此使用3D打印方式来制作印章，一般需要让文字的3D模型笔画的宽度达到1 mm以上。如果笔画过细，容易出现3D打印制作效果不佳的情况。

　　我们知道如何进行文字的3D化建模后，就可以尝试制作一枚有自己名字的印章了。用3D打印方式制作印章的过程仍按照设计（3D建模）——制作（含分层和逐层打印）——后期处理的次序进行。

　　在设计印章时，关键的问题在于：有了名字的3D模型后，如何将"名字"和印章的外形结合在一起，做成一枚完整的个人印章。

回想活动1中的"字"的特点，思考一下可以有几种组合方式？

在实际设计制作中，我们可以通过3D建模软件来实现不同的组合（见图6-12~图6-15）。这里我们以其中两种组合方式为例，通过以下方式制作"刘建国"的个人印章模型。

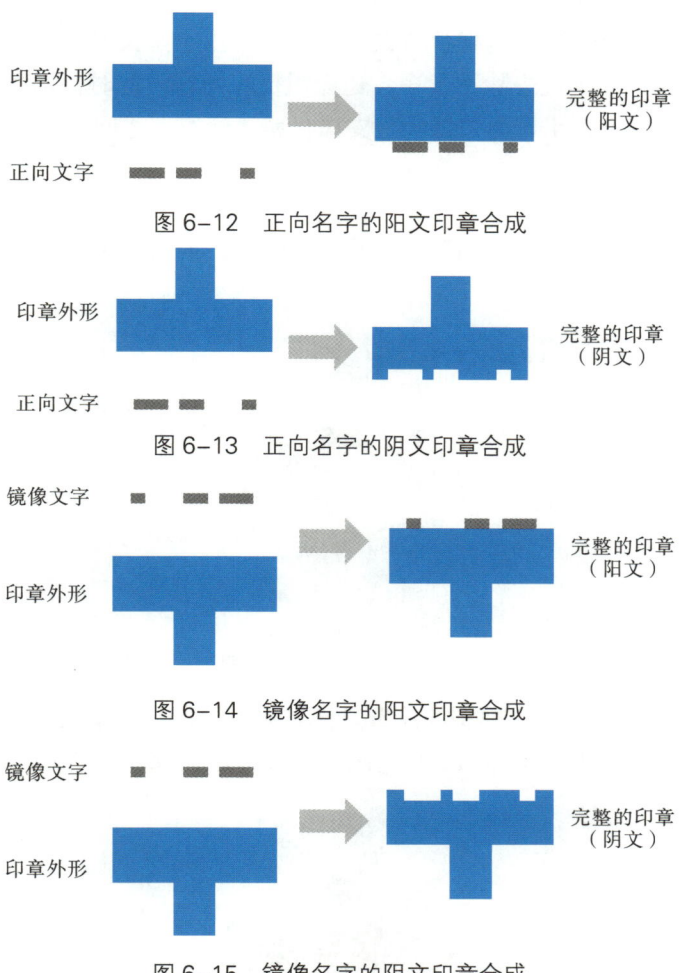

图6-12　正向名字的阳文印章合成

图6-13　正向名字的阴文印章合成

图6-14　镜像名字的阳文印章合成

图6-15　镜像名字的阴文印章合成

3D设计

1. 正向名字的阳文印章 3D 模型

（1）打开3D模型库搜索"印章"，选择一个自己喜欢的印章外观，调整模型使印面朝下，如图6-16所示。

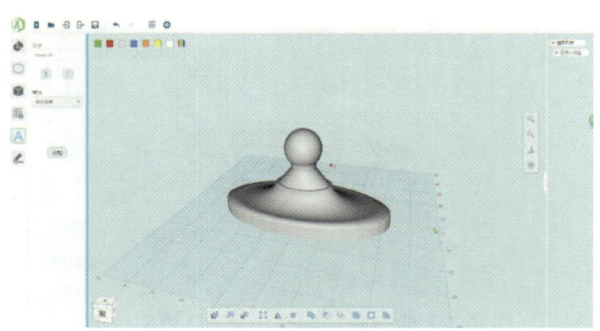

图6-16　印章外观模型效果

小提示 对于阳文印章，当选择印面朝下进行打印时，由于印面边缘出现悬空，通常采用"打印支撑材料"的切片方式。事实上，由于阳文文字高度较小，在手工去除支撑材料时，会出现去除不干净、边缘粗糙等问题。此时，推荐选择印面自带边缘的印章外观模型，用印面边缘代替支撑材料，避免上述问题产生。

（2）导入活动 2 中制作的"刘建国"的正向 3D 模型，或直接制作"刘建国"的正向 3D 模型得到图 6-17 所示界面。

图 6-17 两个模型效果

（3）调整"刘建国"的正向 3D 模型的位置，使其底部与印章外形模型的印面边缘的底部齐平；调整文字形态，保证笔画宽度大于 1.6mm，且笔画间留有一定空隙，如图 6-18 所示。

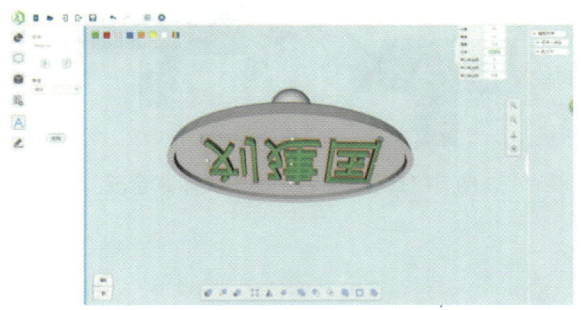

图 6-18 两个模型的位置关系

（4）选择图形运算中的"并"运算 ，将两个模型组合形成"刘建国"的阳文印章 3D 模型（如图 6-19 所示），并保存该模型（stl 文件）。

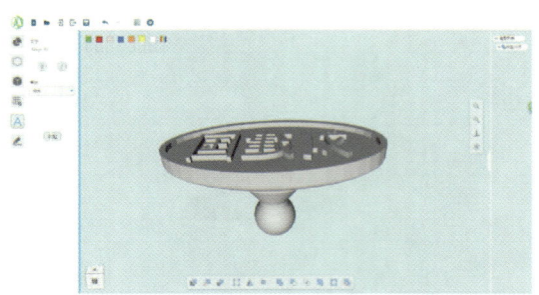

图 6-19 合成后的阳文印章 3D 模型效果

2. 镜像名字的阳文印章 3D 模型

（1）打开 3D 模型库搜索"印章"，选择一个自己喜欢的印章外观，调整模型使印面朝上，如图 6-20 所示。

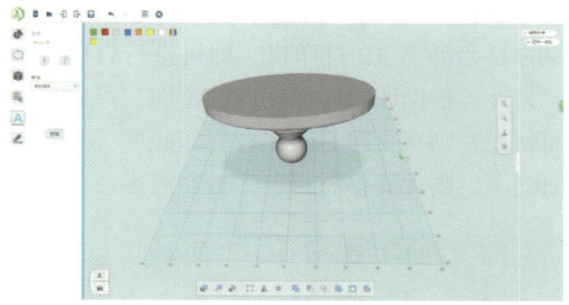

图 6-20　印章外观模型效果

（2）导入活动 2 中制作的"刘建国"的镜像 3D 模型，或直接制作"刘建国"的镜像 3D 模型。

（3）调整"刘建国"的镜像 3D 模型的位置，使其底部与印章外形模型的印面外侧齐平；调整文字形态，保证笔画宽度大于 1.6 mm，且笔画间留有一定空隙，如图 6-21 所示。

（4）选择图形运算中的"并"运算，将二者进行组合形成"刘建国"的阳文印章 3D 模型（如图 6-22 所示），并保存该模型（stl 文件）。

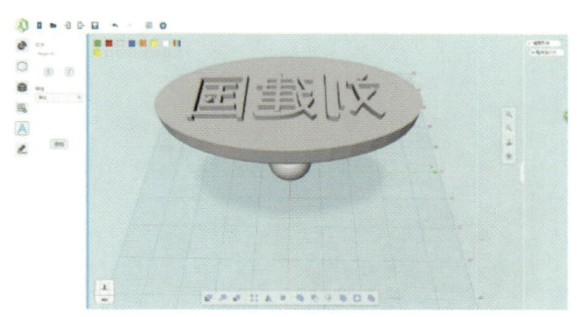

图 6-21　阳文印章模型效果

图 6-22　两个模型的位置关系

3. 阴文印章的 3D 模型

制作阴文印章的 3D 模型方法与制作阳文印章大同小异，只不过在进行文字和印章外形的合成时，需要用到图形的"差"运算（印章外形 – 文字）。图 6-23 展示的是阴文印章的制作步骤。

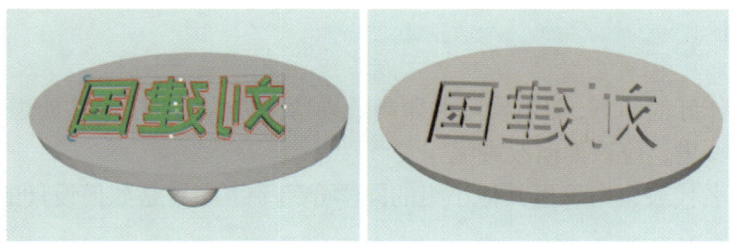

图 6-23　阴文印章的 3D 模型

通过以上两种方式，都可以得到"刘建国"的阳文印章模型。哪种操作起来更方便呢？

有了印章模型后,我们就可以利用 3D 打印机打印出一枚完整的个人印章了。

将存有印章 3D 模型文件的 U 盘插入 3D 打印机,即可进行打印。在设置参数时,推荐使用中精度(0.2 mm),填充率 20%。另外,根据印章印面朝向的不同,可以选择以下两种打印方式:

(1)图 6-24 所示的印面朝上,则有支撑材料,有打印底座,无打印裙边;
(2)图 6-25 所示的印面朝下,则无支撑材料,无打印底座,无打印裙边。

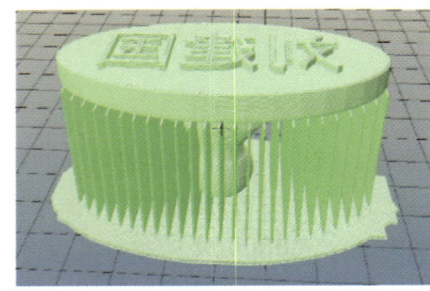
图 6-24　印面朝上时的切片预览效果

图 6-25　印面朝下时的切片预览效果

最后,将 3D 打印出的印章用砂纸打磨,使文字、图案部分变得平整(见图 6-26)。这时,一枚个人印章就产生了,快用印台试下印章的效果吧!

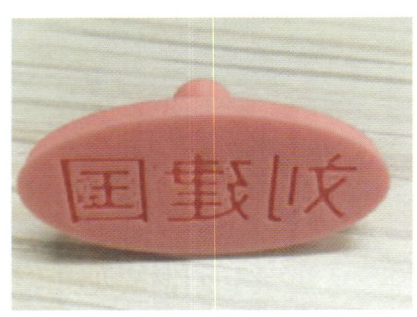

(a)阴文印章　　　　　　　(b)阳文印章

图 6-26　实际打印效果

在纸上试用一下制作好的印章,看看实际的印制效果达到你的预期了吗?如果没有达到预期效果,请你思考一下问题出在哪里,应该如何改进呢?

请在小组内选出一名代表,向班里其他小组的同学介绍一下印章是如何设计的,有什么特点,印制效果如何?

倾听班里其他小组的介绍,并与其他小组的同学比一比,看看谁设计出来的印章最好看,印制效果最佳。

创意提升

在完成初步打印组装后,根据试用的结果,我们通过小组讨论,决定对作品进行如下改进:

1. _____
2. _____
3. _____

以小组比赛形式,每小组派代表展示自己小组的作品,包括设计意图、原理功能、优点介绍、不足之处等。

在交流分享的同时,各小组同学要进行以下自我评价和互相评价。

1. **自测题**

(1) 以下两个图形(三角形 ABC 和三角形 $A'B'C'$)的关系属于对称变换的是(　　)。

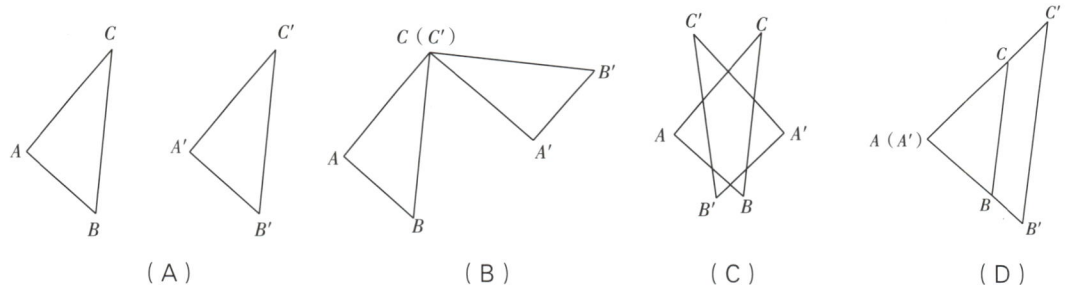

(A)　　　　(B)　　　　(C)　　　　(D)

(2) 如果我们要做一个能印出"正"字的印章,那么制作印章时,印面上的图案可以是(　　)。

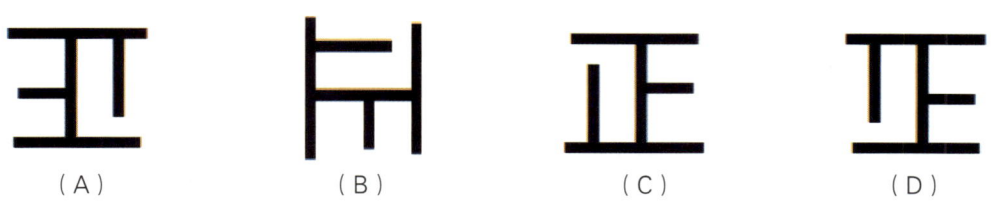

(A)　　　　(B)　　　　(C)　　　　(D)

2. 小组评价

序号	评分项目及标准（满分100分）	等级 A	等级 B	等级 C	自我评分	教师评分
1	态度与纪律（15分）	参与态度积极、遵守纪律（11～15分）	参与态度一般，较遵守纪律（6～10分）	参与态度不好，不遵守纪律（1～5分）		
2	掌握制作自己名字的3D模型的方法（10分）	通过学习、展示及成品质量等来证明达到熟悉的程度（8～10分）	通过学习、展示及成品质量等来证明达到一般的程度（5～7分）	通过学习、展示及成品质量等来证明还不太熟悉（1～4分）		
3	掌握将印章外形和"名字"的3D模型结合在一起的方法（15分）	通过学习、展示及成品质量等来证明达到熟悉的程度（11～15分）	通过学习、展示及成品质量等来证明达到一般的程度（6～10分）	通过学习、展示及成品质量等来证明还不太熟悉（1～5分）		
4	制作打印个人印章（15分）	通过学习、展示及成品质量等来证明达到熟悉的程度（15～20分）	通过学习、展示及成品质量等来证明达到一般的程度（8～14分）	通过学习、展示及成品质量等来证明不太熟练（1～7分）		
5	展示解说（15分）	解说详细、流畅、自信（11～15分）	解说详细度、流畅度、自信度一般，声音较小（6～10分）	解说过于简单、不流畅、缺乏自信，声音小（1～5分）		
6	创意设计（15分）	在二次设计中有自己的优良创意改造，可行性强（11～15分）	在二次设计中有一定的创意改造，可行性一般（6～10分）	在二次设计中很少或没有创意改造，可行性差（1～5分）		
7	分工合作与沟通（15分）	小组成员分工明确并实施优秀，成员优良沟通（11～15分）	小组成员分工一般，有部分职责或人员分工没考虑到，实施一般，成员沟通一般（6～10分）	小组成员分工简单，许多职责或人员分工没考虑安排，实施较差，成员沟通不良（1～5分）		
8	小计					
总结与反思	从外形、创意、实用等角度评估一下本小组制作出的作品。与其他组的作品比，本组作品的优点和不足都有哪些？如何改进？					

3. 组间互评

序号	评价项目	评价内容
1	其他小组制作的印章中，哪个小组的印章最好？	
2	对于评价项目1中所选的小组，他们的印章好在哪里，请举例说明。	
3	选择一个小组制作的印章，指出他们的作品在哪些地方还可以进一步改进或完善。	

探究艺术印章

印章除了可以印制文字外，也能以图案作为印制的内容。在用3D打印方式制作印章时，我们前面学习的3D建模方法只能将特定字体（如宋体、黑体等）3D化。而实际生活中，采用各种书法、艺术字体的印章十分常见。这类书法、艺术字体我们也可以将其视为一种图案来处理。

利用3D建模软件，我们就可以将二维的平面图案转化为3D图形，并进一步合成为一个印章的3D模型。图6-27为2008年北京奥运会会徽，其3D建模步骤如下：

图6-27

（1）在3D建模软件的工作界面最左侧工具栏中点击画笔图标（图6-28中红框所示图标），工作界面会弹出一个加载导入图片的窗口。

（2）通过"点击加载图片"，将北京奥运会会徽图案导入3D建模软件，如图6-29所示，左侧图案（红色）是导入的图片，右侧图案（黑白）是软件处理后的图片。

图6-28 在3D建模软件中导入图片

图6-29 导入图片的转化

（3）点击确定后，转化后的黑白图片会出现在软件的工作界面中，其中黑色的可进行3D化（见图6-30）。

（4）与文字的3D化类似，在工作界面中，给二维图形设定一个高度，就可以转化为3D图形了（见图6-31）。

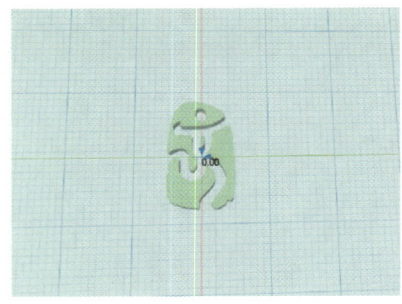 

图6-30　黑色部分平面化　　　　图6-31　图案3D化

完成图案的3D化处理后，我们就可以采用类似前面学习过的方式，将这个3D图形与印章外形合成为一个内容是图案的印章了，同样可以制作成阳文印章或阴文印章。

　　如果在导入图片时，导入的是一张比较复杂的彩色图形。3D建模软件会先将这图形转化为一张灰度图。这时调节图6-31中"阈值"的数值，就可以改变复杂的彩色图片中进行3D化的部分。同学们可以导入一张图尝试一下。

■ 探究

设计制作一枚艺术印章

　　上网查找一些关于艺术型印章的文字资料和图片，尝试将变形的文字、特殊字体（如草书、篆书等）的文字、图案等进行结合，设计能呈现艺术特点的印章。

◆将设计的草图画在纸上，再进行3D建模；
◆设计时要思考一下，为什么文字或图案设计成这样，有什么意义；
◆打印制作后要进行比较细致的后期打磨，尽量让印出来的效果达到预期。

■ 比一比，议一议

　　以小组为单位，展示自己小组完成的艺术印章，并介绍一下印章的设计思路和文化意义。

　　倾听其他小组的介绍，对比其他小组的作品，思考一下自己小组的印章在设计和制作上还可以怎样改进？

第七单元　设计和制作螺丝

　　同学们在日常生活中见过螺丝吗？螺丝是一种在生活和工业生产中都比较常见的工具。本单元的主题就是关于螺丝的，同学们需要知道螺丝的基本原理，结合3D打印技术来学习螺丝的设计与制作，并尝试为飞机模型设计和配置专用螺丝。本单元需要用到3D建模工具、3D打印机、砂纸等工具。

情景导入

2007年8月20日上午，一架波音737-809客机在位于日本冲绳县的那霸机场停泊，在等待接驳车时，飞机的右翼引擎突然起火。机上157名乘客与8名机组人员紧急疏散逃生，几秒后飞机发生爆炸并引发大火，正、副机长于爆炸瞬间跳机逃生。幸运的是事故并未造成人员伤亡，但整架飞机却因此烧毁报废。在事故调查中，调查人员发现这起严重事故的原因竟是由于一个螺栓的螺帽脱落所导致的连锁反应。

螺丝，是带有外螺纹的一类紧固件，螺栓和螺母就是两种不同的螺丝。螺丝是我们日常可见的一种小零件。一个螺母脱落，就引发这样一起严重事故，并差点造成重大人员伤亡。这说明了螺丝虽小，却不能被轻视。在日常生活中，我们有时也将一些从事基层、基础工作的人比喻成企业、社会、国家的螺丝钉，寓意着一些平凡的人在平凡的岗位上却有着不可或缺的作用。

实际上，螺丝是人类发展历史上的一个伟大发明，在现代工业中有着非常广泛的应用。下面，我们就来学习一下与螺丝有关的基础知识，并学习如何用3D打印技术来设计和制作螺丝及其配套工具。

日本那霸机场飞机事故（图片来源：新华网）

学习任务

1. 了解什么是螺丝以及螺丝的常见种类；
2. 初步了解螺丝能够实现紧固效果的基本原理；
3. 掌握用3D打印工具中的螺丝（螺栓和螺母）模块设计3D模型的方法；
4. 会用3D建模软件设计简单的螺丝刀和扳手；
5. 会操作3D打印机制作螺丝及其配套工具；
6. 经历为飞机模型设计和制作适配螺丝的探究过程。

活动1　认识螺丝

搜集螺丝，探究螺丝奥秘

生活中常常见到螺丝，但有时候不清楚螺丝的大小和种类。当螺丝损坏需要更换时，如果我们不知道螺丝的型号，就无法准确地更换。因此我们需搜集一些生活中常见的螺丝进行探究，了解其大小、分类、材料、用途等。

螺丝的奥秘

名称	类型	大小	材料	用途	优缺点	备注

在物理学科中，斜面是一种最为常见的简单机械。斜面可用于克服垂直提升重物的困难。如图7-1所示，如果我们想将一个重物从地面提高到 h 的高度，就需要施加一个向上的力来克服重物的重力。而利用斜面，将物体升到同样的高度，所需要的力比较小。在不考虑摩擦力的情况下，斜面倾斜角度越小，所需的力也越小。

与使用杠杆、滑轮等其他简单机械一样，使用斜面也是省力不省功的。在使用斜面时，上升同样高度所需要运动的距离与倾斜角度相关：斜面倾斜角度越小，斜面较长，需要的距离也越长，但省力也越多。我们常见的盘山公路就是斜面应用的典型例子。汽车在盘山公路的斜面上，可以用相对较小的动力开上山顶。

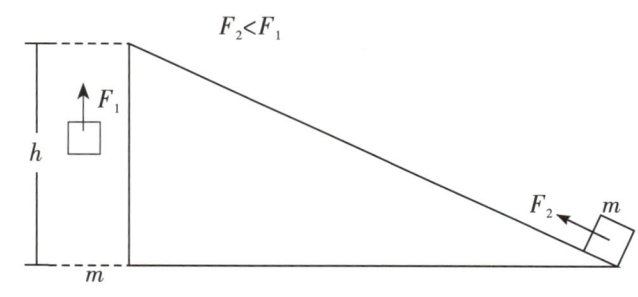

图7-1　利用斜面可以省力

在日常生活和工业生产中，有一种紧固件和盘山公路很相似，那就是螺丝。所谓紧固件，就是将两个或两个以上的部件（或零件）固定连接在一起的机械零件。我们观察一下图7-2中盘山公路和螺丝钉的照片，是不是有点相似呢？

图 7-2 盘山公路与螺丝

常见的螺丝有螺栓、螺母、螺钉、螺柱、膨胀螺等类型。

螺栓（图7-3）指由头部和螺杆（带有外螺纹的圆柱体）两部分组成的一类紧固件，需要与螺母配合，用于紧固连接两个带有通孔的零件。

螺母（图7-4）是一种带有内螺纹孔扁圆柱，形状一般呈现为六角柱形。螺母一般配合螺栓、螺柱或机器螺钉，用于紧固连接两个零件，使之成为一件整体。

螺栓和螺母配合使用在生活中最为常见。用螺栓和螺母连接起来的两个或多个部件（零件）的连接形式称为螺栓连接，是一种可拆卸连接（图7-5）。螺母在螺栓上旋紧后，部件就紧固连接在一起；反之若把螺母从螺栓上旋下，部件就会分开。

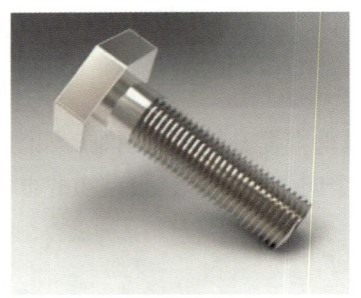

图 7-3 螺栓　　　　　　　　图 7-4 螺母　　　　　　　　图 7-5 螺栓与螺母

除了常见的螺栓和螺母外，还包括螺柱、膨胀螺栓、自攻螺钉、机械螺钉等（图7-6）。这些也都是在不同环境、场合下固定两个或多个部件的紧固零件。膨胀螺栓、自攻螺钉、机械螺钉等一般需要自身具备一定强度，因此其铸造材料的要求比普通螺栓和螺母要高一些。

螺柱　　　　　　膨胀螺栓　　　　　　自攻螺钉　　　　　　机械螺钉

图 7-6 多种功能螺丝

在使用各种螺丝时，人们通过旋转螺栓、螺母等零件，利用斜面省力的原理，就可以用较小的力压紧需要紧固的两个部件。在螺栓、螺母等被拧紧时，由压力产生的静摩擦力可以保持其紧固状态。

活动 2　制作螺栓和螺母

在了解了各种螺栓和螺母的工作原理后，我们可以用 3D 打印方式，设计并制作一套螺栓和螺母。螺栓和螺母的制作过程可以按规划、设计、制作、评价 4 个阶段来进行。

工程规划

小组内根据螺栓和螺母的工作原理，以及组内成员的特长、兴趣，讨论完成螺栓和螺母制作的整体计划方案。规划时，我们需要重点梳理出制作过程大致需要哪些工作、组内成员如何分工、时间如何统筹等。

组内分工：

工作内容	具体分工与负责人	预计耗时	完成情况
全面组织工作（组长）			
画图			
修改模型			
打印机操作			
展示介绍			
创意改进			
其他			

通过观察螺栓和螺母的图片，我们可以看出这两种零件的构造还是比较复杂的。一般来说，工业上生产各种螺丝零件都需要使用专业的制造设备。现在我们使用 3D 打印技术，就可以设计、制作出较为简单的螺栓、螺母、螺柱等零件，但自攻螺钉、膨胀螺栓等由于打印材料自身的强度不够，较难用 3D 打印的方式实现制作。下面我们分别来尝试设计和制作螺栓和螺母。

3D 设计

1. 螺栓的 3D 建模

从几何角度看，螺栓本身是一个比较复杂的图形，特别是螺纹部分，不容易通过简单几何图形的组合进行建模。在本书配套的 3D 建模软件中，有一个专门用于设计螺栓的模块，通过参数调整就可以形成各种型号的螺栓。这就免去了我们对螺纹这种复杂形状进行建模的麻烦。

（1）打开3D建模软件后，我们可以在左侧的基础图形一栏的最下方找到螺栓的图标（见图7-7）。点击螺栓的图标后，就可以在建模软件的工作界面中导入一个最基础的螺栓3D模型（见图7-8）。通过调整这个基础螺栓的3D模型参数，我们就可以设计出其他规格的螺栓了。

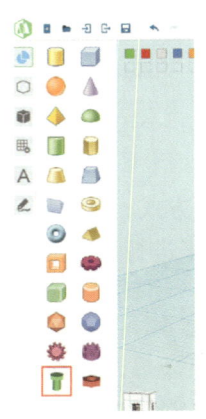

图7-7　建模软件基础图形

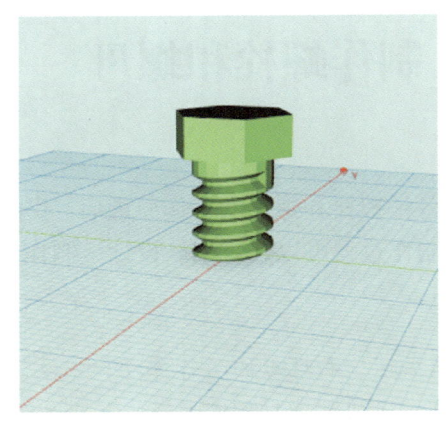

图7-8　导入基础螺栓模型

用鼠标点击螺栓的3D模型后，会在3D建模软件工作界面的右上方弹出一个参数窗口（见图7-9）。除了一般3D模型都有的长度、宽度、高度、中心位置坐标外，我们可以看到参数中增加了大径、螺距、螺柱高、螺纹高、螺帽直径、螺帽高共6个参数。

图7-9　参数窗口

螺栓的6个特殊参数各自表示的含义如图7-10所示，大径指包含螺纹在内的螺柱部分的截面直径；螺柱高指螺栓的柱状部分的总高度；螺距指相邻螺纹间的距离；螺纹高指螺柱上有螺纹部分的高度；螺帽直径指正六边形螺帽中两个相对顶点之间距离；螺帽高指螺帽部分的高度。整个螺栓的高度等于螺柱高度与螺帽高度之和。通过调整这6个参数，我们就可以实现不同规格螺栓的3D建模了。

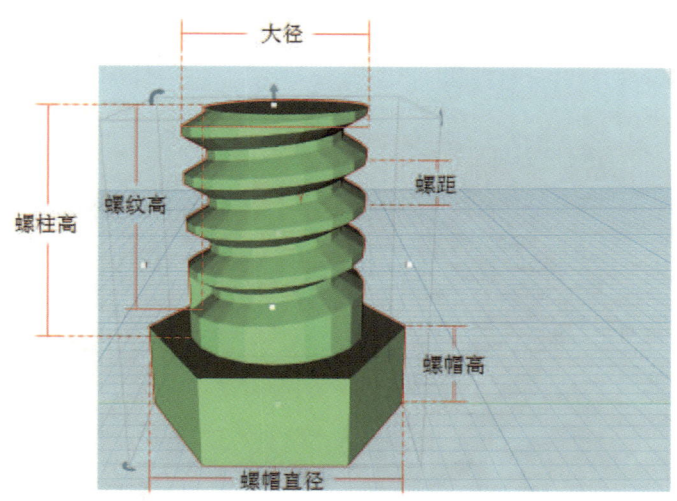

图 7-10　各参数的示意图

2. 螺母的 3D 建模

螺母的 3D 建模方式与螺栓类似。同样，在打开 3D 建模软件工作界面的左侧下方，我们可以找到螺母的图标。点击图标，就可以在工作界面中导入一个基础的螺母 3D 模型（图 7-11、图 7-12）。

点击螺母的 3D 模型，会在 3D 建模软件工作界面的右上方弹出一个参数窗口。螺母的参数除了长度、宽度、高度、中心位置坐标外，还包括大径、螺距、螺母高、螺母外径 4 个参数。类似的，调整这 4 个参数，我们就可以实现不同规格螺母的 3D 建模。螺母中各特殊参数所表示的含义如图 7-13 所示：大径指不包含螺纹在内的螺母内孔直径；螺母外径指螺母的正六边形截面中两个相对顶点之间距离；螺距指相邻螺纹间的距离；螺母高指螺母的高度（即正六棱柱的高）。

图 7-11　建模软件基础图形

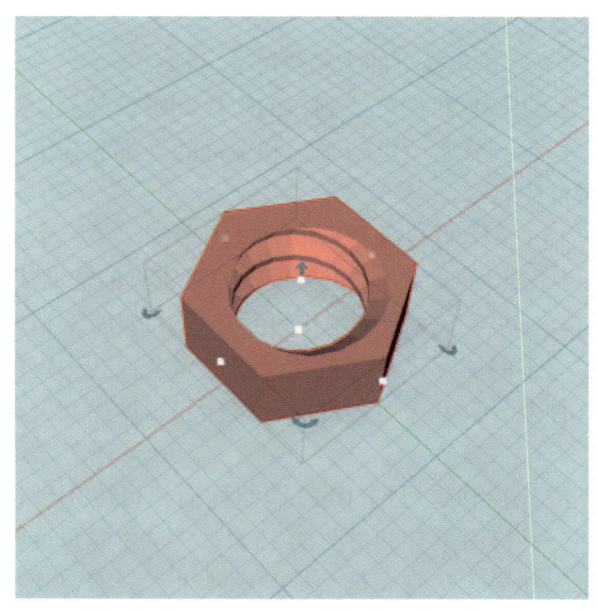

图 7-12　导入螺母基础 3D 模型

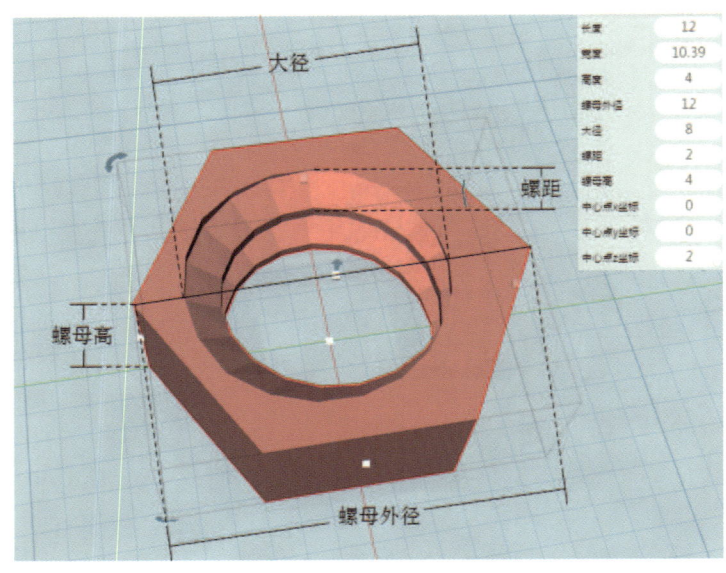

图 7-13　螺母中各参数含义

了解了如何进行螺栓和螺母的建模后，我们就可以使用 3D 打印的方式来制作螺栓和螺母（见图 7-14）。下面我们就来试着制作一下吧。

在用 3D 打印制作螺栓和螺母时，有几个问题值得我们注意一下：

（1）螺栓与螺母的大径要配套（即相等）。

（2）用 3D 打印方式制作的螺栓和螺母受打印材料所限，达不到日常所见的螺栓和螺母的硬度和强度，使用时需要注意这一点。

（3）螺栓的螺帽上可以通过图形的"差"运算增加"十"字或"一"字槽，以便螺丝刀等工具的辅助使用。

（4）螺栓和螺母在制作过程中，由于加工精度的问题，完工的实际尺寸与设计尺寸之间会存在一定的差异。这种差异大到一定程度时，螺栓和螺母尺寸公差为 1 mm。

图 7-14　螺栓与螺母的 3D 模型

完成螺栓和螺母的 3D 打印制作后，可以用砂纸对螺纹部分进行简单打磨（图 7-15）。尝试将螺母旋拧到螺栓上，如果无法将螺母旋拧到螺栓上，就需要观察一下螺栓和螺母的粗细、螺纹的细节，并分析问题出在哪里。

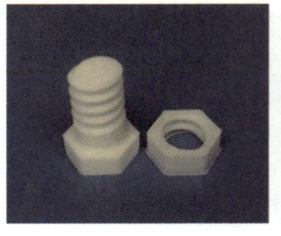 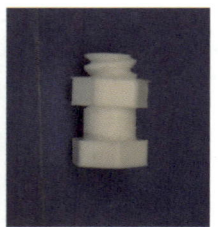

图 7-15　制作好的螺栓和螺母

延伸制作

与螺丝相关的工具

扳手和螺丝刀（也称螺丝起子、改锥）是与螺丝相关的两种常见手工工具。在使用螺栓、螺母或其他螺丝零件时，为了拧紧螺丝获得较大的静摩擦力，并以此实现紧固效果，或者为了将已经紧固的螺丝（可拆卸螺丝）松开，解决徒手旋拧螺丝时的不便，人们发明了扳手和螺丝刀这样的工具。下面我们就来认识一些这样的工具。

扳手（图7-16）通常在柄部的一端或两端制有夹持螺栓或螺母的开口或套孔，使用时沿螺纹旋转方向在柄部施加外力，就能拧转螺栓或螺母。扳手利用了杠杆原理，在旋拧螺栓、螺钉、螺母或其他螺丝零件时，可以达到省力的目的。

在使用扳手时，螺丝的半径是阻力臂，从被旋拧的螺丝中点到手握扳手的距离为动力臂。从杠杆平衡条件我们可以知道，当

图7-16 各式扳手

$$手部的旋拧力量 \geq 螺丝的静摩擦力 \times \frac{阻力臂}{动力臂}$$

时，我们就可以利用扳手旋紧或松开螺丝。

通常扳手的动力臂比阻力臂大得多，因此可以实现省力的效果。当然，从简单机械省力不省功的规律来看，使用扳手时的省力必然带来旋拧的实际距离变长。

螺丝刀（图7-17）又称螺丝起子、改锥，是另一种用来旋拧螺丝，使其紧固或松开的常见工具。螺丝刀通常有一个薄楔或锥形头，可插入螺帽的槽缝或凹口内。常见的螺丝刀包括"一"字型、"十"字型、六角型等。一般情况下，使用螺丝刀也能达到省力的效果。使用螺丝刀时的阻力臂是螺丝刀头的半径（"一"字型螺丝刀则是楔形长度的一半），动力臂是螺丝刀的手柄半径。从省力角度看，螺丝刀的省力效果不如扳手。但由于扳手的旋拧半径过大，在许多场合不适用，相对来说使用螺丝刀的空间要求更低，适用范围更广一些。

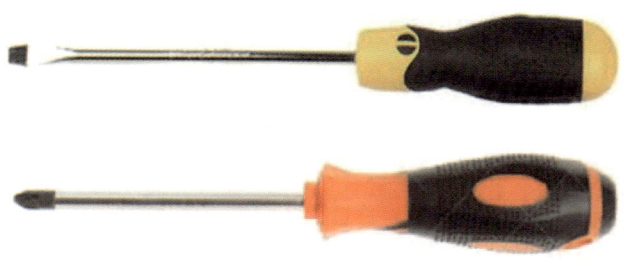

图7-17 "一字"和"十字"螺丝刀

用 3D 打印制作螺丝刀和扳手

从制造工艺上看，扳手和螺丝刀一般都需要有一定的材料强度。如果我们不需要在旋拧螺丝时使用很大的力时，也可以使用 3D 打印技术来制作扳手或螺丝刀。我们在模型库中搜索"简易螺丝刀""固定扳手""活动扳手"都可以找到相应的 3D 模型（图 7-18），根据实际的螺栓、螺母的尺寸调整这些 3D 模型的参数后，就可以用 3D 打印机制作出这些工具了。

当然，我们可以基于一些基础图形的组合，来自行设计和制作有特色的螺丝刀或扳手，以满足某些特殊需求。

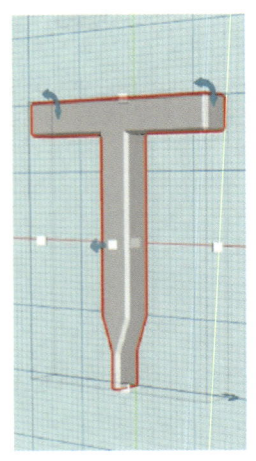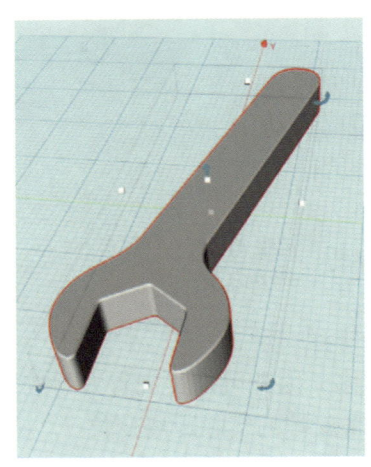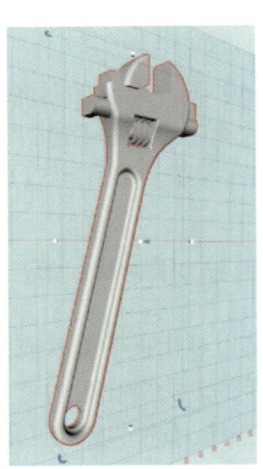

图 7-18　简易螺丝刀与扳手的 3D 模型

完成螺母、螺栓、螺丝刀和扳手的组装后，我们需要对这些打印的作品进行试用，看看是否与设计图的预期相符，是否能正常使用等。

创意提升

根据作品试用的效果，通过小组讨论，我们决定对作品进行如下改进：

1. _____

2. _____

3. _____

1. 小组评价

序号	评分项目及标准（满分100分）	等级 A	等级 B	等级 C	自我评分	教师评分
1	态度与纪律（15分）	参与态度积极、遵守纪律（11～15分）	参与态度一般，较遵守纪律（6～10分）	参与态度不好，不遵守纪律（1～5分）		
2	能识别螺丝的常见种类、了解了螺栓能够实现紧固效果的基本原理（10分）	通过学习、展示及成品质量等来证明达到熟悉的程度（8～10分）	通过学习、展示及成品质量等来证明达到一般的程度（5～7分）	通过学习、展示及成品质量等来证明还不太熟悉（1～4分）		
3	能使用3D打印工具中的螺栓和螺母模块进行3D建模的方法（15分）	通过学习、展示及成品质量等来证明达到熟悉的程度（11～15分）	通过学习、展示及成品质量等来证明达到一般的程度（6～10分）	通过学习、展示及成品质量等来证明还不太熟悉（1～5分）		
4	会用3D建模软件设计简单的螺丝刀和扳手（15分）	通过学习、展示及成品质量等来证明达到熟悉的程度（11～15分）	通过学习、展示及成品质量等来证明达到一般的程度（6～10分）	通过学习、展示及成品质量等来证明不太熟练（1～5分）		
5	展示解说（15分）	解说详细、流畅、自信（11～15分）	解说详细度、流畅度、自信度一般，声音较小（6～10分）	解说过于简单、不流畅、缺乏自信，声音小（1～5分）		
6	创意设计（15分）	在二次设计中有自己的优良创意改造，可行性强（11～15分）	在二次设计中有一定的创意改造，可行性一般（6～10分）	在二次设计中很少或没有创意改造，可行性差（1～5分）		
7	分工合作与沟通（15分）	小组成员分工明确并实施优秀，成员优良沟通（11～15分）	小组成员分工一般，有部分职责或人员分工没考虑到，实施一般，成员沟通一般（6～10分）	小组成员分工简单，许多职责或人员分工没考虑安排，实施较差，成员沟通不良（1～5分）		
8	小计					
总结与反思	从外形、创意、实用等角度评估一下本小组制作出的作品。与其他组的作品比，本组作品的优点和不足都有哪些？如何改进？					

2. 组间互评

序号	评价项目	评价内容
1	其他小组完成作品中,你认为哪个小组的性能最好?	
2	你认为哪个小组完成的作品最美观、最具创意?	
3	你认为其他小组完成的作品有哪些优点是值得本组学习和借鉴的?	

螺栓的起源和标准化

螺栓是现代建筑和机械设计中最常用的零件之一。螺栓的发明源于人们对螺旋的认识和利用。根据现有文献的记载,早在公元前4世纪人类就已经发明了利用螺纹的装置。古希腊科学家阿基米德曾发明了一种利用螺旋来抽水的设备。

螺栓作为一种紧固件被发明出来,大约是在15世纪。如在古登堡发明的印刷机上,就用了螺丝钉来连接两个部件。早期的螺丝(螺栓)通过手工方式制造,其制作过程十分困难,到了16世纪后,用于生产螺栓的机器被发明出来(见图7-19)。Wilbur W. R. 在1905年出版的《美国螺母和螺栓行业的历史》中提出,第一台用来制造螺栓的机器于1568年诞生于法国。

此后,工业革命加快了螺栓、螺母等零件的发展速度。但不同厂家设计制作的螺栓和螺母之间不能通用的问题一直困扰着人们。到了19世纪,英国最先提出了螺栓和螺母标准化的问题,随后英国、美国等国家各自提出了本国的螺栓和螺母标准。第一次世界大战时期,由于螺栓和螺母的大量使用,各国之间互不通用的标准再度成为了生产中的一大障碍。最终美国、英国、加拿大等国家决定统一螺栓和螺母的标准,并逐渐演化为我们今天全球通用的ISO螺栓、螺母标准。

图7-19 16世纪的螺丝切割车床

第七单元　设计和制作螺丝

用螺栓和螺母为飞机模型固定机翼

在学习了螺丝的有关知识，以及如何用3D打印方式制作螺栓和螺母后，我们现在就可以试着设计和制作实用的螺栓和螺母。图7-20中飞机模型的机身和机翼是分开的，请以小组为单位，根据飞机模型的形状特征设计并打印出螺栓和螺母，将飞机模型的机翼固定在机身上。

图 7-20 待组装的飞机模型（2 种）

注：分解的飞机模型（包括支架）请老师提前制作好。

在设计螺栓和螺母时需要注意以下问题：
1. 需先对飞机模型进行测量后，再确定螺栓和螺母的尺寸。
2. 如果螺栓和螺母的尺寸主要是高度）过大，组装后的飞机样子就会比较难看。
3. 设计螺栓的螺帽和螺母的外径时，需要考虑到3D打印过程本身可能会造成0.2mm的制作误差。
4. 若默认的螺帽形状和组装模型时所需要的形状不同，该如何进行改动？
5. 如有必要，还应考虑是否要在螺栓的螺帽上设计凹槽，并制作配套的螺丝刀。

完成对飞机模型的测量后，估算出本组要制作的螺栓和螺母的相关参数，并填入表7-1中。

螺栓的规格参数（单位：mm）			
大径		螺纹高	
螺距		螺帽直径	
螺柱高		螺帽高	
螺母的规格参数（单位：mm）			
大径		螺母高	
螺距		螺母外径	

根据估算的参数,完成螺栓和螺母的 3D 建模,并进行尝试打印,制作出螺栓和螺母各 1 个。制作完成后,将螺栓和螺母安装到飞机模型上,看看是否达成了本组的设计预期?如果螺栓和螺母无法安装在飞机模型上,或使用效果没有达到设计预期,请调整螺栓和螺母的相关参数,对 3D 模型进行改进。

试制的螺栓和螺母达到预期效果后,就可以用 3D 打印机制作另外 3 套螺栓和螺母,完成整个飞机模型的组装。组装后的效果可参考图 7-21。

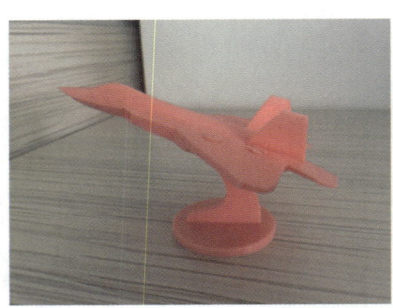 

图 7-21 飞机模型组装效果参考

以小组比赛形式,每小组派出代表展示自己小组的作品。

试一试 比一比

完成飞机模型的机身和机翼紧固后,观察本组的飞机模型和其他小组完成的飞机模型,从美观和安装的便利性等方面思考一下,我们小组设计制作的螺栓和螺母是否合适,还有没有可能改进得更好一些?以小组为单位交流一下本组的设计思路和制作过程。

第八单元

设计和制作榫卯结构家具

　　榫卯结构是中国古人的伟大发明。现代考古发现，中国古代使用榫卯的历史可以追溯到7000年以前。本单元的主题是认识榫卯结构，初步了解什么是榫卯，并认识一些典型的榫卯结构，利用3D打印技术设计和制作榫卯结构的一个玩具和两款家具模型。

情景导入

你家中有榫卯结构的家具吗？请你查阅下榫卯结构的起源和用途，并在课堂上进行分享。

榫卯结构是中国古代家具、建筑和其他器械上常用的结构方式，两个部件采用凹凸结合的方式进行连接。凸出的部分称为榫，凹进的部分称为卯。

榫卯结构起源非常早，在浙江余姚河姆渡文化遗址中人们发现了大量榫卯结构的木质构件，该遗址距今有7000多年，属于新石器时代遗址。使用榫卯结构的中国古代家具不仅要满足人们的视觉美感，更要求经久耐用。整套家具甚至整幢房子不使用一根铁钉，却能使用几百年甚至上千年，在人类轻工制造史上堪称奇迹。尽管在现代的家具中更多使用的是金属连接件，但在许多仿古家具中依然能看到榫卯结构的应用。

广州肇庆梅庵正殿，是岭南最古老的木构建筑，也是广东唯一的千年木构，始建于北宋，面阔3间，进深6架椽（3间），硬山顶（清改，原为单檐歇山顶）虽然经过历代重修，但大殿的主要架构依旧保留北宋创建时的样式。作为长江以南最古老的木构建筑之一，与福州华林寺大殿一样，其架构具有许多区别于北方的营造手法，是研究南方古建筑早期源流与后期传承的重要实例。在梅庵正殿的铺作上，使用了3个极为特别的构件——昂栓、栱栓、齐心栓，均属于榫卯结构。

采用榫卯结构的家具和建筑的局部照片

广东肇庆梅庵正殿

榫卯结构表象背后隐含着古人对世界的理解。以"穿带榫"为例，木材有干缩湿胀的性质，易受环境影响而出现开裂、翘曲现象。穿带榫将几根坚固的横木固定在面板的横向方向，控制其不向其他方向开裂翘曲，获得坚固平面。这是我国古人认为，万物相互依附而生，应互为一体、和谐生长而发明的攒边穿带工艺，是匠心独具的体现。

本单元，我们就利用3D打印技术来体验一下榫卯结构的奇妙之处。

学习任务

1. 初步知道什么是榫卯结构；
2. 知道什么是鲁班锁，制作鲁班锁的组块，并完成鲁班锁的拼装；
3. 知道什么是八仙桌，制作一个简单的八仙桌模型，初步认识简单八仙桌中的榫卯结构；
4. 尝试对简单八仙桌的外观进行二次设计与改造（扩展）；
5. 尝试制作一个更复杂的八仙桌，认识"霸王枨""格肩"两种榫卯结构（扩展）。

活动 1　认识和制作鲁班锁

鲁班锁起源于中国古代榫卯结构。这种三维的拼插器具各组块的凹凸部分（即榫卯结构）相互啮合，十分巧妙。常见的鲁班锁为木质结构，从外观看是严丝合缝的十字立方体。鲁班锁种类比较多，形状和内部的构造各不相同，一般都是易拆难装。拼装时需要仔细观察，认真思考，分析其内部结构。它有利于开发大脑，灵活手指，是一种很好的益智玩具。鲁班锁又称"孔明锁""难人木""别闷棍"等，形式多样，最常见的是六柱和九柱鲁班锁（见图 8-1）。

（a）　六柱　　　　　　　　　　（b）　九柱

图 8-1　六柱鲁班锁和九柱鲁班锁

下面以典型的六柱鲁班锁为例。六根锁柱结构各不相同，如果不了解其中的顺序和拼装技巧很难把它们组装到一起。一旦鲁班锁按次序完成拼装，6 个组块就会因为摩擦力作用和组块本身的凹凸结构而结合为一个比较牢固的整体。这正体现了榫卯结构的基本功能特征。

下面，以制作六柱鲁班锁的方式来进一步了解鲁班锁的结构，更深层次理解榫卯结构之奥秘。

3D 建模

一般来说，要用传统方法制作一套六柱鲁班锁比较困难，不过借助 3D 打印技术，制作鲁班锁就比较简单了。使用 3D 打印机打印 6 个鲁班锁组块需要比较长的时间，这里我们请老师课前提前打印好六柱鲁班锁中的 5 个组块，请同学们通过观察、建模、打印的方式补齐鲁班锁的第 6 个组块。

制作鲁班锁的步骤如下：

（1）观察图 8-2 所示的 6 个鲁班锁组块的图片。虽然它们都是条状，外形和轮廓也相近，但每个鲁班锁组块上的凹凸部分是不一样的。通过观察，确认你们小组的鲁班锁组块缺了哪一个。

图 8-2　六柱鲁班锁整套组块

（2）在 3D 建模软件的工作界面中，导入六柱鲁班锁（见图 8-3、图 8-4）。

图 8-3　导入鲁班锁模型　　　　　　　　　图 8-4　鲁班锁 3D 模型

（3）运用 3D 建模中的"差"运算，去掉六柱鲁班锁中的 5 个组块，只保留我们需要打印的组块。具体做法是：在工作界面中制作两个（或一个）长方体，使长方体的长、宽、高能够覆盖掉一个或多个不需要的组块。将这个长方体与鲁班锁的一个或多个组块重合在一起，使鲁班锁的组块完全置于长方体内部，并进行图形的"差"运算（鲁班锁 – 长方体），这样就可以去掉不需要的组块了（见图 8-5）。

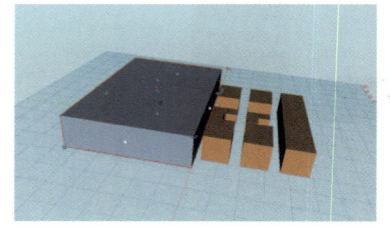 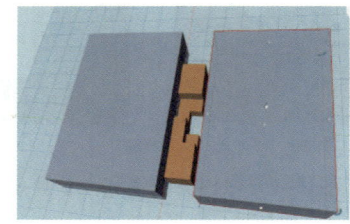 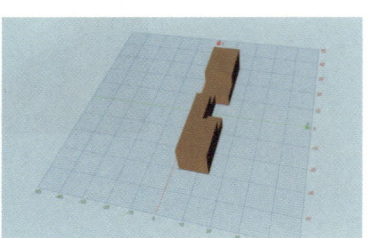

参考步骤一　　　　　　　　参考步骤二　　　　　　　　参考步骤三

图 8-5　利用图形运算去掉不需要的组块

（4）对剩下的一个鲁班锁组块，我们可以通过图形的"差"运算给它加上编号，以便于后面的拼接（见图 8-6）。

（5）完成建模后，导出 3D 模型（stl 文件），并用 U 盘拷入 3D 打印机进行打印。

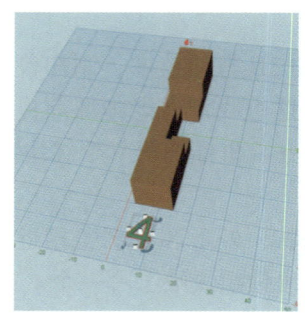 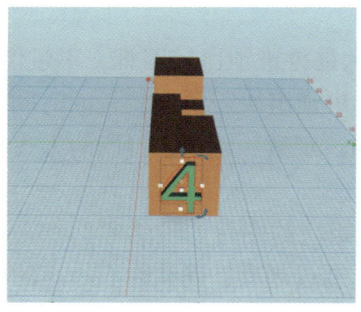 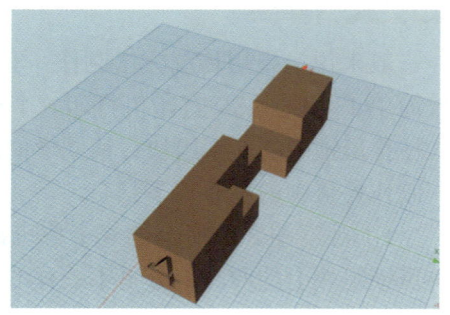

图 8-6　利用图形运算为组块加上编号

试一试，比一比

鲁班锁制作完成，下面就是检验我们制作成果的时候了。各小组可以按照鲁班锁的拼装图解试着拼装鲁班锁，看看我们打印的鲁班锁能不能拼装起来，如果不行，问题会出在哪里？

图8-7展示了如何把6个鲁班锁组块按照一定顺序拼装到一起的过程。请在小组内进行拼装练习，看看谁拼的速度最快。

在班级内举行一次鲁班锁大比拼，各个小组推举本组拼装速度最快的选手参与。比一比哪个组能最快将鲁班锁拼装起来。

拼装 1

拼装 2

拼装 3

拼装 4

拼装 5

拼装 6

拼装完成的鲁班锁

图 8-7 鲁班锁的拼装

活动 2　制作榫卯结构的八仙桌

榫卯结构除了用在鲁班锁这样的玩具上，其更广泛的实用性体现在古典家具和木质建筑中，榫卯结构的八仙桌是其中的典型代表。八仙桌是中华民族传统家具之一。八仙桌是桌面四边长度相等的、桌面较宽的方桌，每边可坐二人，四边围坐八人犹如八仙，故称八仙桌。

从外观来看，八仙桌的结构比较简单，仅有面、边、腿和牙板。有些八仙桌为增加美观性，会在牙板上进行装饰，如雕刻吉祥的图案或者采用镂空设计来装饰点缀（见图 8-8）。

注： 牙板是指桌面与桌脚之间辅助连接的结构，也有装饰功能。

图 8-8　八仙桌

在了解榫卯结构和初试制作鲁班锁后，我们可以用 3D 打印方式，设计并制作一张简单八仙桌的模型。简单八仙桌模型的制作过程可以按规划、设计、制作、评价 4 个阶段来进行。

工程规划

小组内根据六柱鲁班锁的基本结构和原理，以及组内成员的特长、兴趣，讨论完成六柱鲁班锁模型制作的整体计划方案。规划时，我们需要重点梳理出制作过程大致需要哪些工作，组内成员如何分工。

组内分工：

工作内容	具体分工与负责人	预计耗时	完成情况
全面组织工作（组长）			
画图			
修改模型			
打印机操作			
展示介绍			
创意改进			
其他			

一个简单的八仙桌包括的部件为桌面（含面和边）（图8-9）、牙板（图8-10）和桌腿（图8-11），组装好的效果如图8-12所示。

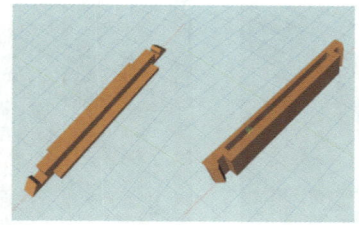

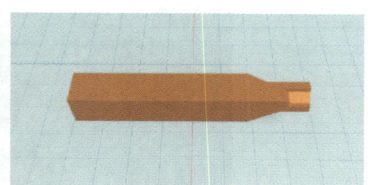

图8-9　桌面3D模型（面和边）　　　图8-10　牙板3D模型　　　图8-11　桌腿3D模型

图8-12　八仙桌的组装效果3D模型

从八仙桌各部分的3D模型中，我们可以看到凹凸的榫卯设计。在这种简单的八仙桌中，主要使用的是一种名为"高束腰抱肩榫"的结构。通过这种结构，桌子的面、边、牙板和腿就可以紧密地结合在一起。八仙桌的4个角各有1个"高束腰抱肩榫"结构。图8-13展示了"高束腰抱肩榫"的分解及其组装。

分解结构　　　　　　　　　　　　组装1

图8-13　"高束腰抱肩榫"的分解及组装

组装2　　　　　　　　　　　　　　　　　　组装3

图 8-13 "高束腰抱肩榫"的分解及组装（续）

采用 3D 打印技术制作并组装一个八仙桌模型，可以让我们进一步感受这种榫卯结构的特征和作用。3D 打印制作的步骤如下：

①在模型库中找到简易八仙桌各部件的 3D 模型，并导入到 3D 建模工作界面中。可以对导入后的 3D 模型的大小进行放缩，调整大小后导入各部件的 3D 模型文件（.stl 文件）。

②将各部件的 3D 模型文件导入 3D 打印机，并进行切片和打印。打印前注意观察各部件的形状，并考虑是否需要在切片时增加支撑。

1. 八仙桌的部件较多，打印的时间也比较长，需要统筹规划打印的时间。八仙桌各部件需要打印的数量见表 8-1。

2. 打印形成的部件模型需要进行一些后期处理，包括拆除支撑物、进行必要的打磨等。

表 8-1 小仙桌 3D 模型打印数量参考

3D 模型名称	打印数量	3D 模型名称	打印数量
八仙桌的桌面板	1	八仙桌牙板1	4
八仙桌的边1（攒边）	2	八仙桌牙板2	4
八仙桌的边2（攒边）	2	八仙桌的桌腿	4

成果展示

经过后期处理的八仙桌部件可以拼装为一个八仙桌模型。以小组为单位尝试拼装本组的八仙桌模型,看看能否拼装成功。如果不能成功拼装出八仙桌模型,请思考一下问题出在哪里,是哪个零部件有问题,是需要再打磨还是需要重新打印。

创意提升

制作复杂八仙桌模型

在完成活动2的简单八仙桌模型的制作后,我们就可以在此基础上尝试制作一个更为复杂的八仙桌模型。

图8-14所示是一个复杂一些的八仙桌模型。与简单八仙桌模型相比,它多了两种榫卯结构:两个桌腿之间的"几"字形杆称为"桥梁枨",它与牙板、桌腿横纵连接的榫卯结构称为"格肩";桌面与桌腿之间连接和支撑的榫卯结构称为"霸王枨"。

格肩 将榫(凸出部分)朝外的部分(大约一半)截割成等腰的三角形尖,也将榫眼(凹下的部分,即卯)相应位置割成等腰三角形的豁口,然后相接交合,通称格肩。图8-15是八仙桌中的格肩分解/拼装结构。

图8-14 复杂一些的八仙桌模型

霸王枨 霸王枨是桌面与桌腿上常用的榫卯结构,用于将桌面的压力均匀地转递给桌腿,并对桌腿有加固作用。霸王枨一般为S形,上端与桌面相接,下端连接桌腿。霸王枨下端的榫设计为有个向上的勾形,桌腿上的榫眼则是上小下大。装配时,将霸王枨下端从桌腿上的榫眼插入,向上一拉便勾挂住了,再插入木楔就可以将霸王枨固定住。图8-16是八仙桌中的霸王枨的分解/拼装结构。

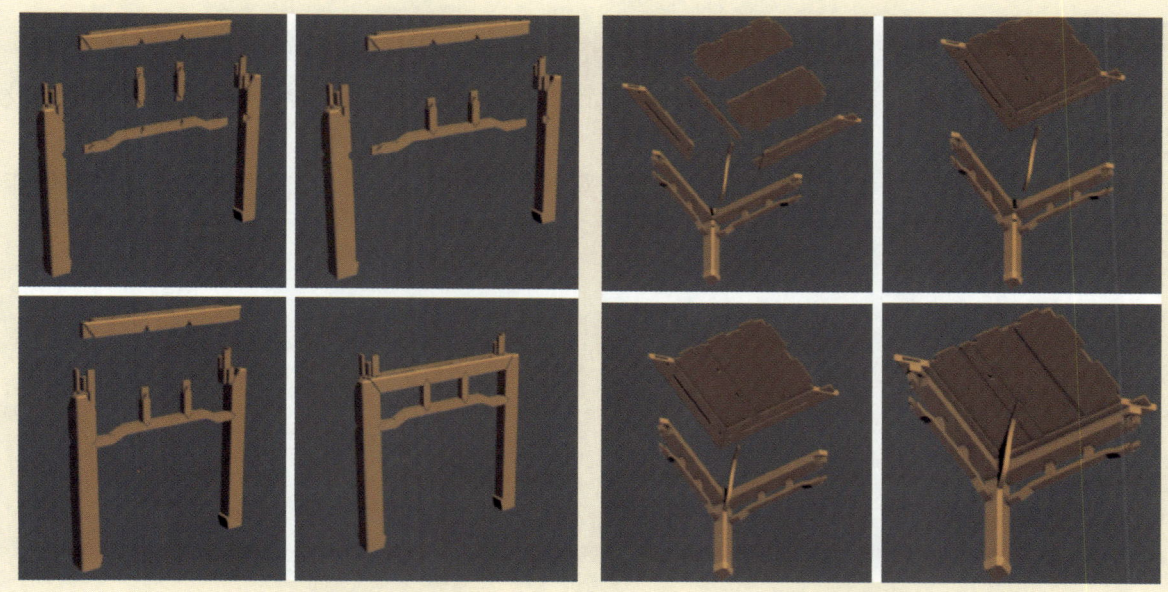

图8-15 格肩分装图　　　　图8-16 霸王枨分装图

在模型库中搜索"复杂八仙桌",可以找到图 8-14 所示八仙桌模型的各组成部件的 3D 模型文件,打印数量参见表 8-2。打印制作这些部件,并尝试拼装。通过组装,我们可以进一步认识"格肩"和"霸王枨"两种榫卯的具体结构和特点。

表 8-2 3D 模型打印数量参考

3D 模型名称	打印数量	3D 模型名称	打印数量
八仙桌的桌面板	1	八仙桌牙板 1	4
八仙桌的边 1(攒边)	2	八仙桌牙板 2	4
八仙桌的边 2(攒边)	2	八仙桌的桌腿	4
八仙桌霸王枨 1	2	八仙桌桥梁枨(罗锅枨)	4
八仙桌霸王枨 2	2	桥梁枨与牙板的连接(矮老)	8
八仙桌(霸王枨)垫榫	4	连接桌面板的横杆(穿带)	2

比一比,议一议

完成八仙桌的二次设计和制作后,比较一下设计图和做出来的模型,看看是否达到了预期的设计效果。

以小组为单位交流一下设计思路和制作过程。观察其他小组的模型,比一比哪个小组完成的作品最好。

在交流分享的同时，各小组同学进行以下自我评价和互相评价。

1. 小组自评

序号	评分项目及标准（满分100分）	等级 A	等级 B	等级 C	自我评分	教师评分
1	态度与纪律（15分）	参与态度积极、遵守纪律（11～15分）	参与态度一般，较遵守纪律（6～10分）	参与态度不好，不遵守纪律（1～5分）		
2	知道鲁班锁和八仙桌的基本结构（10分）	通过学习、展示及成品质量等来证明达到熟悉的程度（8～10分）	通过学习、展示及成品质量等来证明达到一般的程度（5～7分）	通过学习、展示及成品质量等来证明还不太熟悉（1～4分）		
3	能使用3D打印机制作鲁班锁，并完成鲁班锁的组装（15分）	通过学习、展示及成品质量等来证明达到熟悉的程度（11～15分）	通过学习、展示及成品质量等来证明达到一般的程度（6～10分）	通过学习、展示及成品质量等来证明还不太熟悉（1～5分）		
4	能对八仙桌的模型进行独立调整并在打印后拼装出来（15分）	通过学习、展示及成品质量等来证明达到熟悉的程度（11～15分）	通过学习、展示及成品质量等来证明达到一般的程度（6～10分）	通过学习、展示及成品质量等来证明不太熟练（1～5分）		
5	展示解说（15分）	解说详细、流畅、自信（11～15分）	解说详细度、流畅度、自信度一般，声音较小（6～10分）	解说过于简单、不流畅、缺乏自信，声音小（1～5分）		
6	创意设计（15分）	在二次设计中有自己的优良创意，可行性强（11～15分）	在二次设计中有一定的创意，可行性一般（6～10分）	在二次设计中很少或没有创意，可行性差（1～5分）		
7	分工合作与沟通（15分）	小组成员分工明确并实施优秀，成员间沟通良好（11～15分）	小组成员分工一般，有部分职责或人员分工没考虑到，实施一般，成员沟通一般（6～10分）	小组成员分工简单，许多职责或人员分工没考虑安排，实施较差，成员沟通不良（1～5分）		
8	小计					
总结与反思	从外形、创意、实用等角度评估一下本小组制作出的作品。与其他组的作品比，本组作品的优点和不足都有哪些？					

2. 组间互评

序号	评价项目	填写评价内容
1	你觉得其他小组制作的八仙桌中，哪个小组的八仙桌最好？	
2	对评价项目1中所选的小组，他们的八仙桌好在哪里，请举例说明。	
3	你觉得他们的八仙桌还有哪些地方可以进一步改进或完善。	

1. 八仙桌模型的二次设计

前面我们初步了解了两种八仙桌的基本结构，以及"高束腰抱肩榫""格肩""霸王枨"等可以在八仙桌中使用的榫卯结构。在"简单八仙桌"和"复杂八仙桌"已有模型的基础上，我们就可以试着对八仙桌做二次设计，对原有模型进行改进，让制作出的八仙桌模型更美观。

对八仙桌模型进行二次设计时，可以先在纸上画出设计图，再利用3D建模软件中的图形运算功能对已有的3D模型进行改造，形成自己的设计。

八仙桌的牙板或桌腿部分是比较容易进行二次设计的，例如，桌腿可以增加一些装饰处理，牙板的局部也可以做成镂空花纹。在对八仙桌的牙板或桌腿3D模型进行改造时，需要考虑到现有模型的榫卯结构。比如我们改变牙板的外观时，相应的榫卯也需要进行一定的调整。这时就需要思考一下榫卯部分应如何改造。

如果组装时发现有部件之间无法拼接，我们需要重新思考榫卯结构中的凹凸是否合理，并加以改进。

2. 项目总结报告

撰写一篇制作八仙桌项目的总结报告，报告的内容应包括以下几个方面：
①项目概况；
②项目中任务的总目标和分解目标（阶段目标）；
③项目实施过程中各环节的次序及完成时间；
④项目成果（八仙桌）的完成情况；
⑤对整个项目的自我评价和反思。

第九单元　设计和制作花瓶

　　花瓶是用来盛放花枝等美丽植物的器皿，瓶底部通常盛水，让植物保持活性与美丽。花瓶不只是简单的造型和装饰，更代表着人们的生活情感和品味，在生活中作为美化环境的重要饰品。而陶瓷花瓶作为一种易碎品，设计时要在保证结构稳定性的前提下，充分展现花瓶的美。本单元的主题是带领同学们认识花瓶的结构，并从实用和美学的角度设计制作一个花瓶模型。

> **情景导入**

1. 同学们，请你查阅下花瓶的起源和分类，并在课堂上进行分享。
2. 你们能从造型上说出以下两图花瓶的名称及特征吗？

图 9-1

图 9-2

玉壶春瓶（图 9-1）的造型是由唐代寺院里的净水瓶演变而来，是一种以变化柔和的弧线为轮廓线的瓶类。其造型上的独特之处是：颈较细，颈部中央微微收束，颈部向下逐渐加宽过渡为杏圆状下垂腹，曲线变化圆缓；圈足相对较大，或内敛或外撇。这种瓶的造型定型于宋代，历经宋、元、明、清、民国直至现代，成为中国瓷器造型中的一种典型器物。

梅瓶（图 9-2）是一种小口、短颈、丰肩、瘦底、圈足的瓶式，因口小只能插梅枝而得名。因瓶体修长，宋时称为"经瓶"，作盛酒用器，造型挺秀、俏丽，明朝以后被称为梅瓶。在历史上，梅瓶各大窑系都有，其造型的优美程度可以说天下第一，所以梅瓶的造型可以算是中国瓷器的第一造型。

"花瓶"一词并非自古就有，其最早出现于北宋时期的文献，专指插花之瓶。中国早在约公元前 8000—前 2000 年（新石器时代）就发明了陶器。陶瓷则是陶器、炻器和瓷器的总称，经过配料、成型、干燥、焙烧等工艺流程而制成。

我国的瓷都是景德镇，其他名瓷基地主要有福建德化、湖南醴陵、浙江龙泉、广东佛山与潮州。广东以佛山石湾陶塑和潮州枫溪瓷最为著名。本单元我们就来试一试制作一个花瓶的模型。

图 9-3 通花瓶
（潮州王龙才作品）

> **学习任务**

1. 了解日常生活中的陶瓷花瓶；
2. 了解陶瓷花瓶的基本结构；
3. 利用黄金分割设计花瓶模型；
4. 用 3D 打印机制作花瓶；
5. 尝试设计具有意象造型的花瓶。

活动 1　认识花瓶

观察我们身边的陶瓷花瓶

花瓶不只是简单的造型和装饰，更代表着人们的生活情感和品味，在居室中作为美化环境的重要饰品。

通过对身边的陶瓷花瓶进行观察和测量，获取陶瓷花瓶的相关数据，并填写调查表。

表 9-1　陶瓷花瓶调查表

花瓶的概况	所摆放位置	
	花瓶的形状特点	
	花瓶的花纹图形	
花瓶的尺寸	瓶口直径	
	瓶颈直径	
	瓶身直径	
	瓶底直径	
	瓶高	
花瓶的重量		
花瓶的稳定性		

认识花瓶结构以及黄金分割

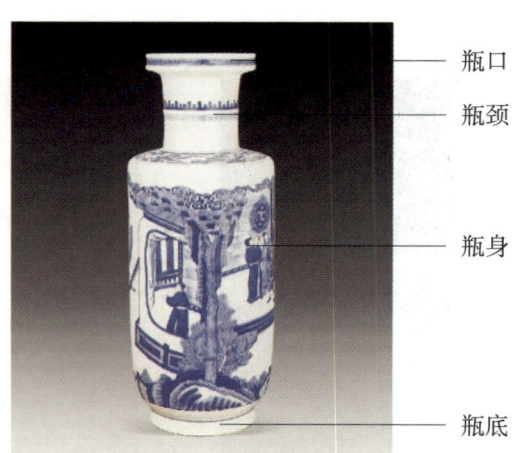

图 9-4　花瓶基本结构图

花瓶主要用于插花，考虑到浇水之便，瓶口需要有一定广度，瓶身能容适量水，密而不漏。花瓶作为居室摆设，放在地面、桌台，或悬挂倚靠，瓶底与所接触面的关系直接影响形态设计。花瓶通常体型不大，要便于双手挪动，又需要稳固不倒，瓶身造型的设计需要考虑与手接触的最佳关系，轻重适宜。

花瓶的基本结构有瓶口、瓶颈、瓶身、瓶底，如图 9-4 所示。

花瓶的设计体现黄金分割比例的美感。黄金分割是指将整体一分为二，较大部分与整体部分的比值等于较小部分与较大部分的比值，其比值约为 0.618。这个比例被公认为是最能引起美感的比例，因此被称为黄金分割。在古希腊时期，有一天毕达哥拉斯走在街上，在经过铁匠铺前他听到铁匠打铁的声音非常好听，于是驻足倾听。他发现铁匠打铁节奏很有规律，这个声音的比例被毕达哥拉斯用数学的方式表达出来。把一条线段分割为两部分，使较大部分与全长的比值等于较小部分与较大部分的比值,这个比值即为黄金分割。其比值是($\sqrt{5}-1$):2,近似值为 0.618,通常用希腊字母 Φ 表示这个值。

黄金比例已经被我们的先辈运用了几千年,从埃及的吉萨金字塔到雅典的巴特农神殿(图 9-5),从米开朗琪罗为西斯廷教堂所雕刻的亚当到达芬奇的蒙娜丽莎,从百事可乐的 logo 到苹果的 logo 设计(图 9-6),都应用了黄金比例设计。

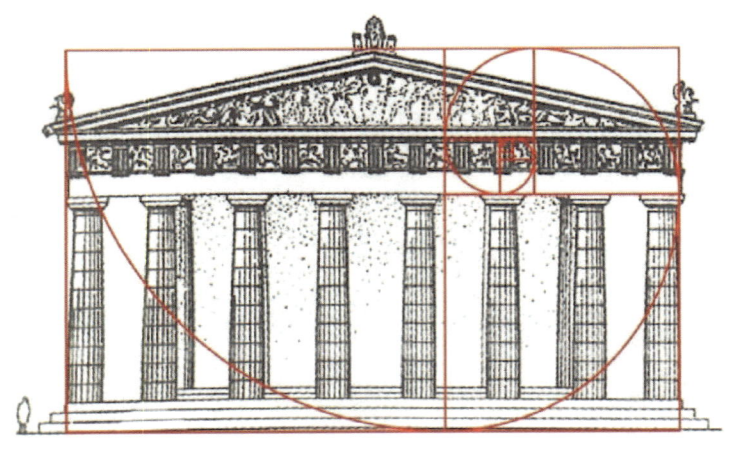

图 9-5 巴特农神庙正立面的黄金分割

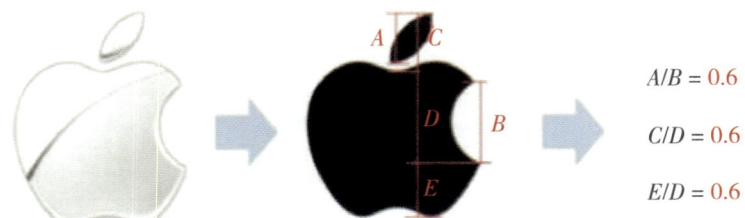

图 9-6 苹果商标设计中的黄金分割

图 9-7 中展示的三个花瓶,充分反映了我国古代花瓶结构设计中对黄金分割的应用。

清 洒兰描金人物博古棒槌瓶　　北宋 定窑 玉壶春瓶　　宋 定窑 花口瓜棱瓶

图 9-7 我国古代花瓶设计中的黄金分割

活动 2　制作花瓶模型

在初步了解花瓶的结构后，我们可以用 3D 打印方式，设计并制作一个花瓶的模型。花瓶模型的制作过程可以分为规划、设计、制作、评价 4 个阶段。

工程规划

小组内根据花瓶的基本结构和黄金分割原理，以及组内成员的特长、兴趣，讨论完成花瓶模型制作的整体规划方案。规划时，需要重点梳理出制作过程大致需要哪些工作，组内成员如何分工。

组内分工：

工作任务	具体分工与负责人	预计耗时	完成情况
全面组织工作（组长）			
画图			
修改模型			
打印机操作			
展示介绍			
创意改进			
其他			

3D 建模

准备：在纸上画好草图，并预估花瓶的尺寸。

花瓶建模步骤：

（1）在 3D 建模软件的工作界面中，用不同颜色的长方体标出花瓶的整体高度与黄金分割位置（见图 9-8、图 9-9）。例子中的花瓶高度为 150 mm。

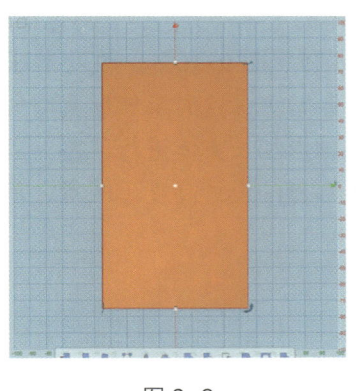
图 9-8

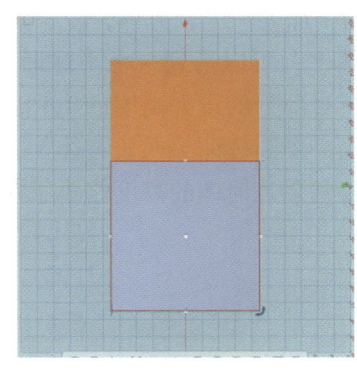
图 9-9

（2）花瓶颈部。花瓶的颈部形状，可以用一个圆柱体与一个圆环做"差"运算来得到。在工作界面中加入一个圆柱体，设置圆柱体的高度与花瓶颈部的高度相等，圆柱体的底面直径与花瓶颈部最粗位置的直径相等，并将圆柱体放在黄金分割的上半部分区域（见图9-10）。接着，在工作界面中加入一个圆环（左侧基本图形中的 ◎ 图标），调整圆环的位置和长、宽，将圆环"套在"圆柱体上，并使圆环内侧内凹的部分与圆柱体重叠在一起（图9-11）。调整圆环的高度，使之与圆柱体高度相同（图9-12）。最后对圆柱体和圆环做"差"运算（圆柱体－圆环），就可以得到花瓶颈部的形状了，如图9-13所示。

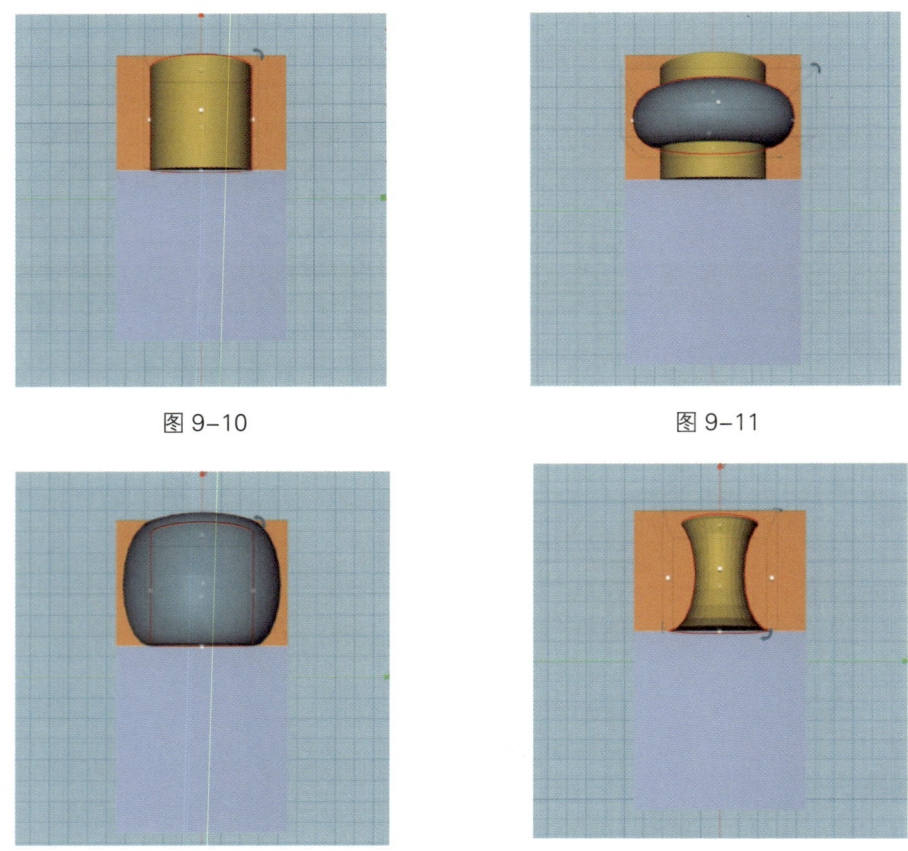

图 9-10　　　　　　　　　图 9-11

图 9-12　　　　　　　　　图 9-13

（3）花瓶腹部。花瓶的腹部（下半部分）形状近似于一个椭球形的一部分，可以通过球体的变形和切割来制作。首先，在工作界面中加入一个球体，设置其直径与花瓶颈部下侧的直径相同（见图9-14）。在工作界面中加入一个长方体，使长方体与球体的上半部分重合，对球体和长方体进行"差"运算（球体－长方体），可以得到一个半球形（见图9-15、图9-16）。改变半球形的高度，使半球形的高度约为花瓶下半部分的设计高度的1.3倍（见图9-17），这时半球形变形为一个半椭球形。再次在工作界面中加入一个圆柱体（或长方体），对半椭球形和长方体进行"差"运算，截去半椭球体最下方的部分，并使剩余几何体的高度略小于花瓶下半部分的设计高度（两者之差是瓶底高度）（见图9-18、图9-19）

第九单元　设计和制作花瓶

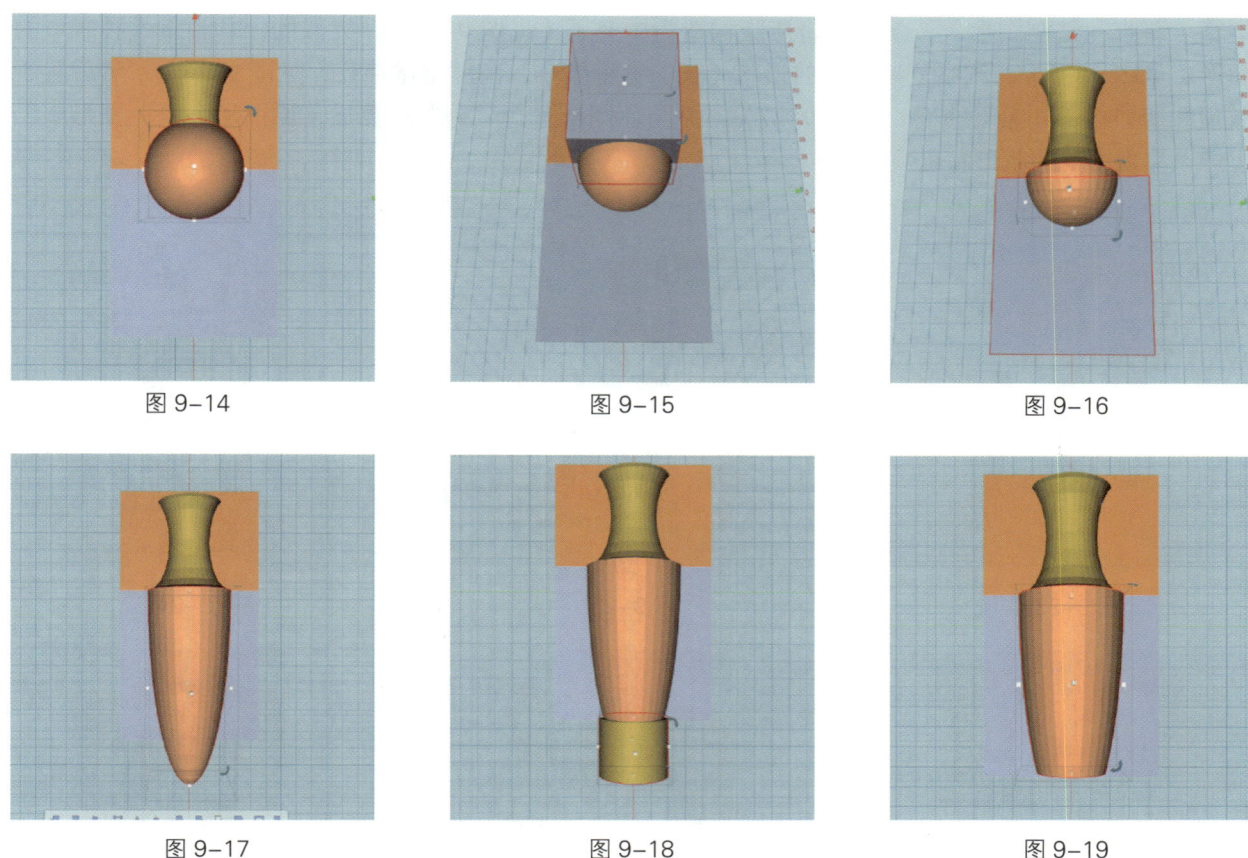

图 9-14　　　　　　　图 9-15　　　　　　　图 9-16

图 9-17　　　　　　　图 9-18　　　　　　　图 9-19

（4）花瓶瓶口与瓶底。花瓶的瓶口和瓶底的外形都为圆柱体。在工作界面中加入两个圆柱体，其中一个圆柱的长、宽设置为与花瓶腹部最下端的直径相同，高度等于花瓶瓶底的设计高度，并放在花瓶底部的适当位置，作为瓶底（见图 9-20）。另一个圆柱的长、宽设置为与花瓶颈部最上端的直径相同，高度等于花瓶瓶口的设计高度，并放在花瓶顶部的适当位置，作为瓶口（见图 9-21）。

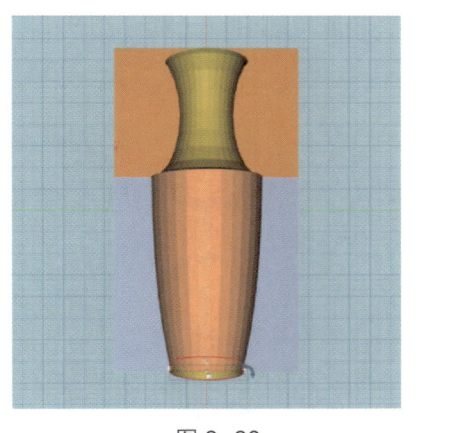
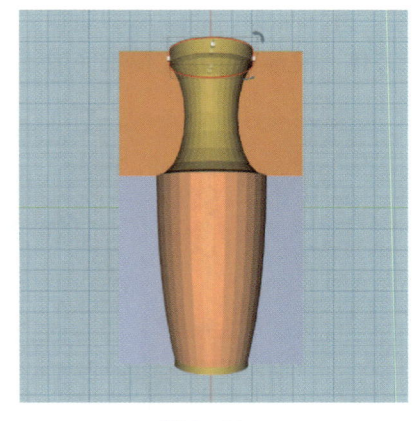

图 9-20　　　　　　　　　　　　　图 9-21

（5）完成花瓶的外形后，还需要将花瓶内部（瓶口、颈部、腹部）做成中空的形状。首先，对瓶腹的图形进行复制（见图 9-22），调整复制图形的大小，使其长度、宽度略小于瓶腹，高度与瓶腹相同（见图 9-23）。将调整后的复制图形放在瓶腹内部，两者的轴要重合，对瓶腹和复制图形进行"差"

113

运算（瓶腹－复制图形），就可以将瓶腹构造为中空了（见图9-24）。类似的，复制瓶颈和瓶口的图形（见图9-25），调整复制图形的形状（长、宽稍缩小，高度略微伸长，见图9-26），然后置于瓶颈和瓶口内部（轴要重合，见图9-27），并与原图形进行"差"运算后（原图形－复制图形），也可以实现中空的瓶口和瓶颈。

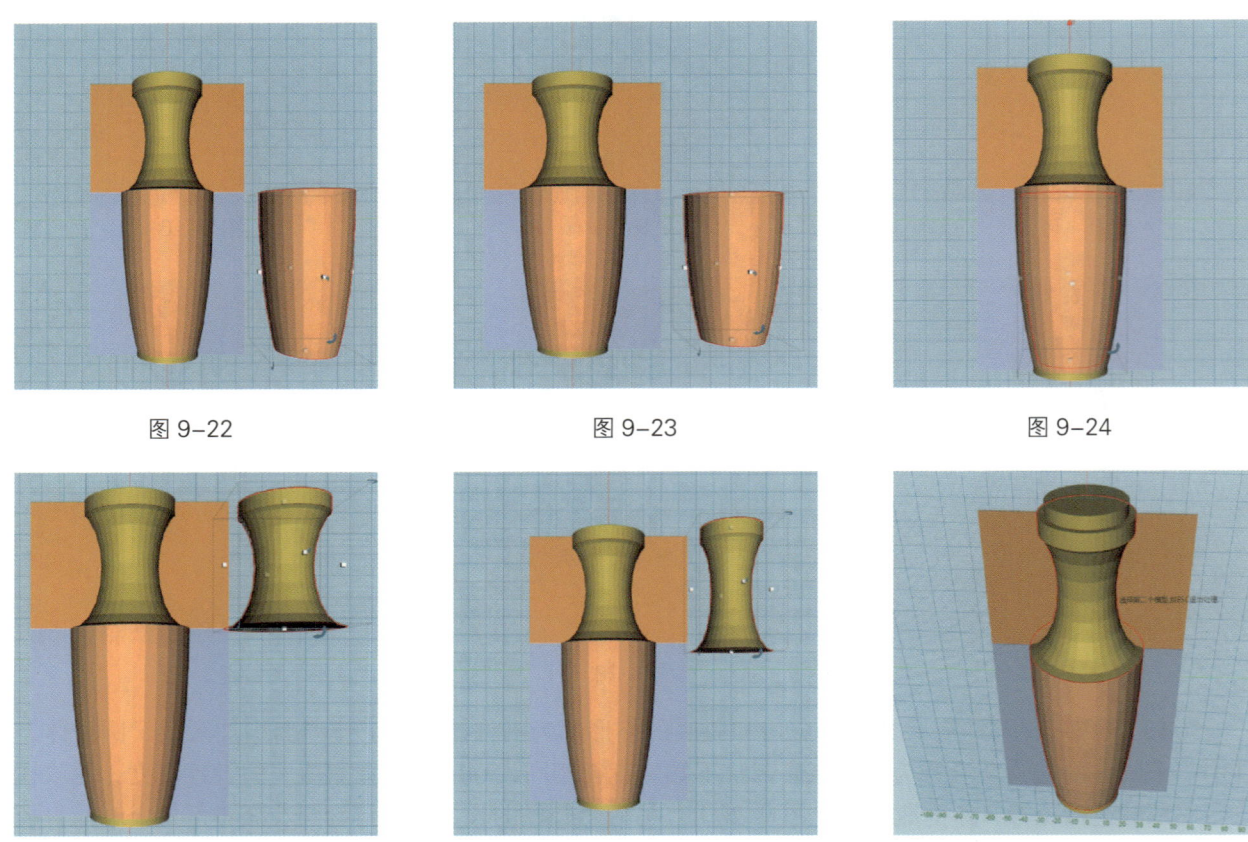

图 9-22　　　　　　　　图 9-23　　　　　　　　图 9-24

图 9-25　　　　　　　　图 9-26　　　　　　　　图 9-27

（6）通过"并"运算，将花瓶的瓶口、瓶颈、瓶腹、瓶底等组合在一起（图9-28），并去掉辅助位置用的长方体，花瓶的3D建模就完成了（图9-29）。

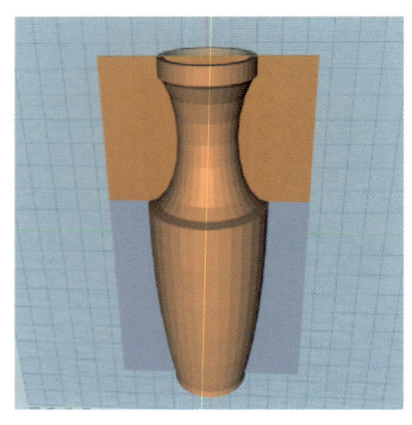

图 9-28

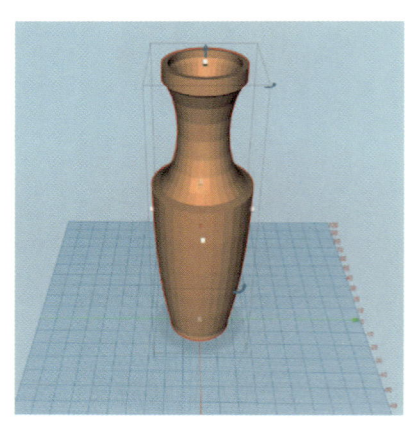

图 9-29

114

完成花瓶的 3D 建模后，我们可以先在 3D 建模软件的工作界面中点击 ■ 保存工程文件，并点击 ■ 生成花瓶的 3D 模型文件（保存为 .stl 文件）。将花瓶的 3D 模型文件复制到 3D 打印机后，就可以通过前面单元中学过的 3D 打印机操作步骤来制作出花瓶了（参见图 9-30）。

在制作如前面例子这样的花瓶时，由于花瓶本身在水平方向的弧度、跨度都不大，因此设置参数时可以不加支撑进行打印。如果我们设计的花瓶在水平方向有较大的弧度或跨度时，就需要在打印设置时增加支撑来辅助打印，并在打印后用长镊子拆除瓶内的支撑物。

图 9-30

完成打印后，我们需要对本组完成的花瓶的稳定性和美观性进行测量和评估，看看是否与设计图的预期相符。

以小组为单位选出代表，向其他小组介绍本组花瓶的设计、制作过程，并展示作品。同时，也要认真聆听其他小组的介绍，看一看其他小组的设计和制作成果有哪些特点。对比一下本组的作品，看看谁做的模型更好？

创意提升

意象造型思维在设计中的应用

从中国的传统美学来说，"意象"相近于想象，也可以认为是想象中的"艺术"。传统意象在现代设计中的借鉴非常广泛，如图 9-31 靳埭强设计作品，采用山、水、墨、笔、纸等传统意象造型元素，阐释出天人合一的自然之美。

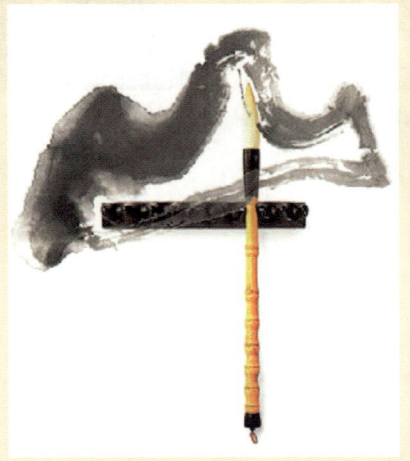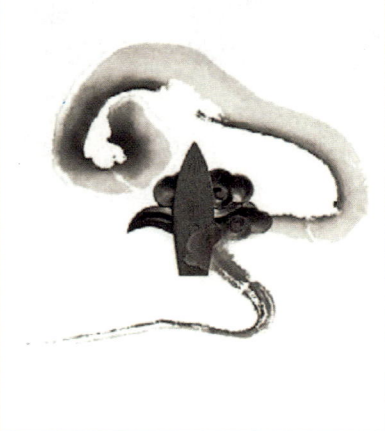

图 9-31　靳埭强设计作品

"意象"是有意味的具体形象，或者说是显现在具象中的意味，是"意"与"象"的融合。不是对现实的一种形象式的重现，而是在一瞬间呈现的理智与情感的复合体。"意象"如同组件、基础、构架，不同的"意象"有机结合而组成设计产品，产品的意义和整体审美效应也由具体可感的"意象"生发而来。以意象造型思维为基础设计产品，更能准确地表达设计师在构思过程中的审美心理活动及其蕴含在产品中的形态与情态。

如图9-32所示的洛可可上上禅品之"高山流水"香盘设计，乍看上去，只是几粒寻常的鹅卵石失衡地堆砌在一起，然而当香椎点燃，烟雾便如流水般倾泻而下，形成"高山流水"的奇妙意象。整件作品以烟代水、以石见山，仿佛一幅写意山水的画卷。同时，该作品以润泽万物的流水借喻"善"的品质。

图9-32 洛可可上上禅品之"高山流水"香盘设计

Miyo花瓶（图9-33）是墨西哥的设计师Javier Mora设计的一款以铜为材质做成的花瓶，它采用镂空设计，看上去像正在旋转的舞者的裙子，又仿佛是一朵倒立的花，它是独一无二的，蕴藏着一种情感的勇气和力量，激情和绝望。

图9-33 Miyo花瓶

请以小组为单位，参照上面介绍的意象造型，按照规划、设计、制作、评价的流程，尝试用3D打印方式设计和制作一个具有意象造型花纹的花瓶。

以小组比赛形式，每小组派代表展示自己小组的作品。包括设计意图、花瓶的稳定性、外形特点、意象创意来源、优点、不足之处等。

1. 小组自评

序号	评分项目及标准（满分100分）	等级A	等级B	等级C	自我评价	教师评价
1	态度与纪律（15分）	参与态度积极、遵守纪律（11～15分）	参与态度一般，较遵守纪律（6～10分）	参与态度不好，不遵守纪律（1～5分）		
2	了解花瓶的基本结构（10分）	通过学习、展示及成品质量等来证明达到熟悉的程度（8～10分）	通过学习、展示及成品质量等来证明达到一般的程度（5～7分）	通过学习、展示及成品质量等来证明还不太熟悉（1～4分）		
3	完成了一个陶瓷花瓶模式的3D建模设计（15分）	通过学习、展示及成品质量等来证明达到熟悉的程度（11～15分）	通过学习、展示及成品质量等来证明达到一般的程度（6～10分）	通过学习、展示及成品质量等来证明还不太熟悉（1～5分）		
4	操作打印并拼装出来（15分）	通过学习、展示及成品质量等来证明达到熟悉的程度（11～15分）	通过学习、展示及成品质量等来证明达到一般的程度（6～10分）	通过学习、展示及成品质量等来证明不太熟练（1～5分）		
5	展示解说（15分）	解说详细、流畅、自信（11～15分）	解说详细度、流畅度、自信度一般，声音较小（6～10分）	解说过于简单、不流畅、缺乏自信，声音小（1～5分）		
6	创意设计（15分）	在二次设计中有自己的优良创意改造，可行性强（11～15分）	在二次设计中有一定的创意改造，可行性一般（6～10分）	在二次设计中很少或没有创意改造，可行性差（1～5分）		
7	分工合作与沟通（15分）	小组成员分工明确并实施优秀，成员间沟通良好（11～15分）	小组成员分工一般，有部分职责或人员分工没考虑到，实施一般，成员沟通一般（6～10分）	小组成员分工简单，许多职责或人员分工没考虑安排，实施较差，成员沟通不良（1～5分）		
8	小计					
总结与反思	从外形、创意、实用等角度评估一下本小组制作出的作品。与其他组的作品比，本组作品的优点和不足都有哪些？如何改进？					

2. 组间互评

序号	评价项目	评价内容
1	你觉得其他小组制作的花瓶模型中，哪个小组的花瓶模型最好？	
2	对评价项目1中所选的小组，他们的花瓶模型好在哪里，请举例说明。	
3	你觉得他们的花瓶模型还有哪些地方可以进一步改进或完善。	

撰写带意象花纹的花瓶项目总结报告

撰写一篇制作创意花瓶的项目总结报告，报告的内容应包括以下几个方面：

① 项目概况；
② 意象造型创意来源及其描述；
③ 项目中任务的总目标和分解目标（阶段目标）；
④ 项目实施过程中各环节的次序及完成时间；
⑤ 项目成果（花瓶）的完成情况；
⑥ 对整个项目的自我评价和反思。

第十单元　了解和制作日晷

　　日晷（读作 guǐ）是古代常用的计时工具，其工作原理源于地球的自转。本单元我们要在初步了解日晷设计原理的基础上，尝试设计和制作一台可以计时的日晷。设计和制作日晷需要用到3D建模软件和3D打印机，在日晷的计时校正和使用时，还需要用到量角器、指南针、铅锤、水平仪等。

情景导入

同学们，你知道有哪些方法可以用来计时吗？

钟表是我们今天日常生活中常用的计时装置。那么在现代意义上的机械钟表没有被发明和普及使用之前，人们是怎样计时的呢？这个问题就要涉及本单元的主题——日晷了。日晷是利用地球自转与太阳光投影进行计时的装置，这项发明被人类所用达几千年之久。

日晷在何时被发明出来尚不清楚，据说古巴比伦王国（建立于公元前3000多年前）就开始使用日晷来计时了。我国古代使用日晷的历史也十分悠久，考古出土的古代日晷实物最早可追溯到西汉，有学者认为我国古代利用太阳光投影进行计时的原始日晷在5000年前就已经出现了。日晷在我国一直应用到近代。直到清朝末年，一般平民百姓还需要通过日晷这样的工具"看天晓时"。日晷在古代亦有与日月同行之谓，除了用于观察时间之外，是权威和智慧的象征。现代，许多学校、机关、公园、小区、家庭建造日晷，除装点环境、体现文化外，更多的是激励人们珍惜光阴、与时俱进。

赤道日晷

广东有一座历经80多个春秋，如今仍每天运转的日晷，它就藏身于广州石牌的华南理工大学内，见证着一代代学子的校园记忆。1924年，孙中山创立"国立广东大学"（后改名为中山大学）。十年后的11月11日，中大法学院建筑奠基，也就是如今被人称作12号楼的古建筑。当时，法

现存于华南理工大学内的日晷

学院师生倡议捐资建造日晷，因为日晷仪"其形端表正，借示法律、政治、经济诸端之准则"。日晷的设计出自岭南著名建筑师、时任广东省立勷勤大学建筑工程系教授胡德元之手。

人类利用太阳"立杆测影"的计时方式由来已久，而日晷的发明使这种古老的方式得以实现准确计时。日晷的设计与制作涉及数学、物理、地理等多个学科的知识。本单元我们就来学习一下为什么日晷能够准确计时，并尝试用3D打印技术制作出各种类型的日晷。

学习任务

1. 了解日晷的工作原理；
2. 根据所在地的地理数据，设计一个赤道日晷或地平日晷；
3. 用3D打印机打印日晷的各个部件，并组装制作日晷；
4. 对制作好的日晷进行校准与试用。

活动1 了解日晷的工作原理与结构

一、日晷的工作原理

太阳每天东升西落，它所照射的物体的影子也会随着时间移动。古人通过对这个自然现象的观察，发明了"立杆测影"的计时方式。但"立杆测影"这种方法测得的时间并不准确。除正午前后的时段，在其他时刻杆的影子指向每天都不同，影子也不随时间均匀变化。为了能让影子更准确地指示时间，我们就需要先来看一看太阳光与地球自转之间的关系。

图10-1为地球地轴与经纬线示意图。在地理课中，我们学习过地球的自转：地球自西向东绕地轴转动，转一周的时间为24小时，也就是一天。地球的自转是匀速转动，一周为360°，即每小时转动15°。当我们站在地球上，并以地球为参考系时，从运动的相对性来分析：地球此时是静止不动的（因为我们以地球为参考系），此时太阳相对地球运动，形成了我们在地面上看到的太阳东升西落和昼夜变换。这时，如果我们站在地面上观察太阳的运动，会发现太阳实际是绕地轴转动的，这就是地球与太阳之间运动的相对性，如图10-2所示。

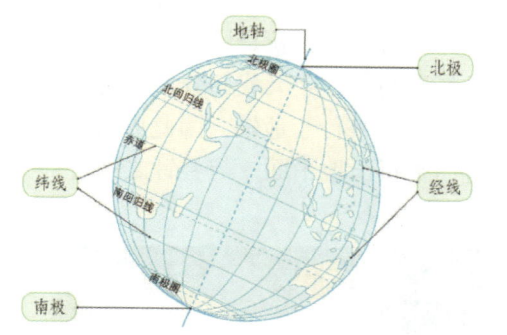

图10-1 地轴与经纬线

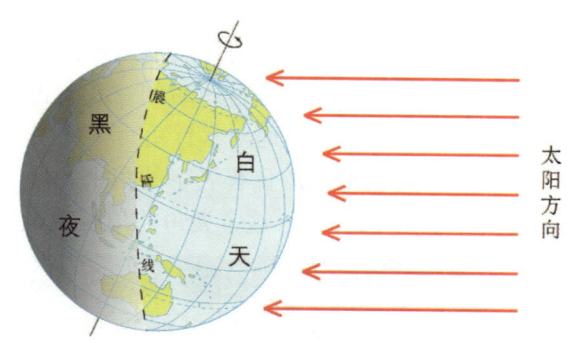

图10-2 地球自转与昼夜变化

我们站在地球上，看到太阳匀速地绕地轴运动，若此时我们假设地轴就是一根直杆，那么这根直杆影子的角度就会随着太阳的运动而均匀变化。这就是日晷能够准确计时的基本原理。当然，在实际制作日晷时，我们不可能把直杆做到地轴上去，取而代之的是在我们的所在地做一根与地轴平行的直杆。这根与地轴平行的直杆在太阳照射下产生的影子，也同样会随着太阳的运动而均匀变化角度。

与地轴平行的直杆之所以能够替代地轴处的直杆，是因为地球与太阳之间的距离有约1.5亿千米，远远大于地球自身半径（约6400千米）。图10-3所示是地球、太阳以及地日距离之间的等比例示意图。不难看出，在这个比例下，在地表任何地方平行于地轴的直杆，都可以近似认为直杆位于地轴。

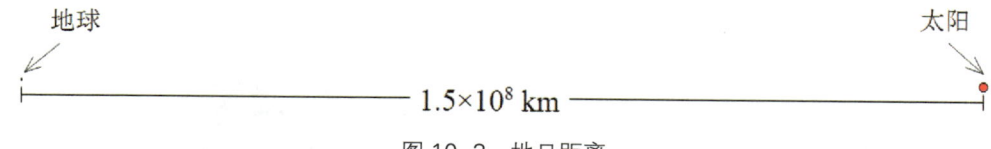

图10-3 地日距离

图10-4所示是在地球表面立一根直杆时的位置关系。图中 A 点是地球表面的一点（北半球），角 α 反映的是 A 点的纬度。红色线段表示 A 点竖立的一根与地轴平行的直杆，绿色则是 A 点的地平面。通过几何关系可以证明：α=β 。这个位置关系说明，如果我们要在地球表面某一点竖立一根与地轴

平行的直杆，那么这根直杆应该指向正北方向（如果是南半球则应指向正南方向），并且与地面的夹角等于当地的纬度。在日晷中，这根直杆称为晷针。

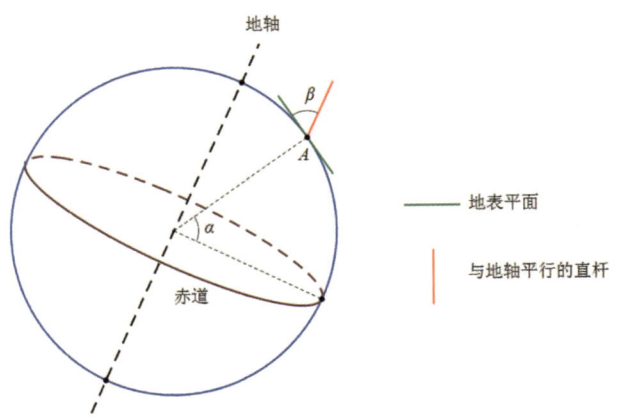

图 10-4　与地轴平行的直杆的位置关系

二、日晷的结构

常见日晷的必备组件包括晷针和晷面。其中晷针通常是与地轴平行、指向北天极的直杆（在南半球应指向南天极）；晷面是标有刻度的圆形或方形盘。日晷的计时方式，就是用太阳光照在晷针上形成的影子在晷盘所指的刻度来显示时间。我国古代常用的日晷有两类，今天我们分别称之为赤道日晷和地平日晷。赤道日晷的晷面与晷针垂直（见图 10-5），由于晷针平行于地轴，因此赤道日晷的晷面平行于赤道面，这也是赤道日晷名字的由来。地平日晷的晷面平行于地平面，与晷针之间有一个小于 90°的夹角（见图 10-6），这个夹角的角度就是当地的纬度。

图 10-5　赤道日晷

图 10-6　地平日晷

赤道日晷和地平日晷都是适用于中纬度和低纬度地区日晷，和我国所在的纬度范围相符。而在高纬度地区，需要使用极地日晷（见图 10-7）。极地日晷的晷针和晷面形状与赤道日晷、地平日晷有一定差别。

图 10-7　极地日晷

活动 2　制作日晷模型

在初步了解日晷的结构后，我们可以用 3D 打印方式，设计并制作一个日晷的模型。日晷模型的制作过程可以按规划、设计、制作、评价 4 个阶段来进行。

工程规划

小组内根据日晷的基本结构和原理，以及组内成员的特长、兴趣，讨论完成日晷模型制作的整体规划方案。规划时，我们需要重点梳理出制作过程大致需要哪些工作，组内成员如何分工。

组内分工：

工作内容	具体分工与负责人	预计耗时	完成情况
全面组织工作（组长）			
画图			
修改模型			
打印机操作			
展示介绍			
创意改进			
其他			

1. 赤道日晷

3D 建模

赤道日晷的基本特征是晷针与晷面垂直，晷针与地平面的夹角角度为当地纬度。因此，我们可以设计一个晷针和晷面角度可调的赤道日晷作为通用方案。在模型库中搜索"赤道日晷"，找到赤道日晷所需的各个部件的 3D 模型文件（stl 文件）。图 10-8 是制作一个赤道日晷所需组成部件，包括晷针、晷面、底座、调节和固定角度用的螺丝。

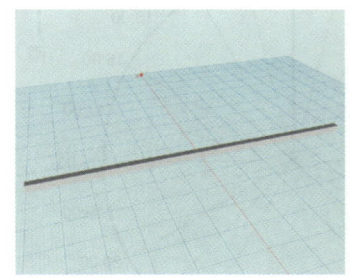
晷针

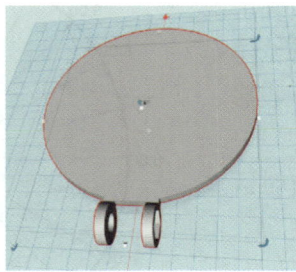
晷面

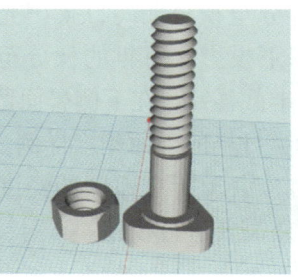
螺丝

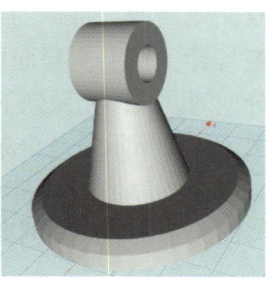
底座

图 10-8　赤道日晷各个部件的 3D 模型

打印制作

在 3D 建模软件中，我们可以等比例调节这些赤道日晷部件的大小。确定大小后，导出 .stl 文件即可进行 3D 打印制作了。在 3D 打印机上对部件进行设置时，我们需要观察 3D 模型的具体形状，并确定是否需要在切片时增加支撑或底衬。如果我们设定的赤道日晷的整体尺寸较大，那么 3D 打印制作的总时间也会相应比较长，需要统筹安排好打印的时间。

完成打印后，我们需要对打印好的部件进行简单处理，包括去掉支撑物或底衬，进行一些表面打磨等。然后，将这些部件组装起来，就可形成一个赤道日晷。图 10-9 所示是一个组装好的赤道日晷样例。在组装时，需要先确定我们所在地的纬度，然后利用量角器将晷针与地面的夹角调为纬度的值，并用螺丝拧紧固定。

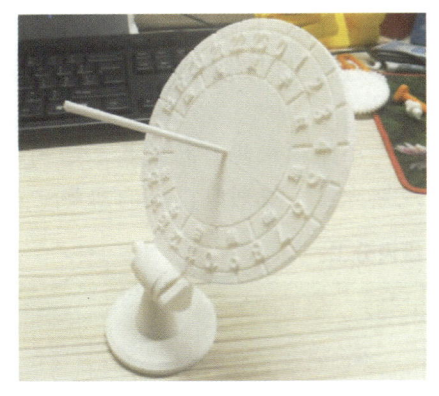

图 10-9　组装好的赤道日晷

小提示

这里提供一个用铅锤和量角器来调节晷针的方法。如图 10-10 所示，在晷针上系一个铅锤（可以用一根下端绑有重物的绳子替代），调节晷面的角度，使晷针与铅锤之间的夹角 α 的角度与本地纬度值互余（即 $90°-\alpha=$ 本地纬度值）。此时晷针即与地轴平行，晷针与地平面的夹角大小等于本地纬度。最后，可以拧紧螺丝将这个角度固定下来。

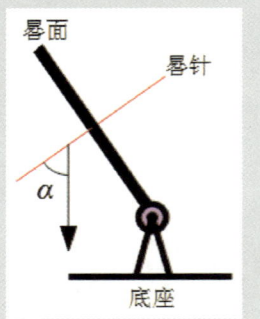

图 10-10　调节日晷的角度

最后，我们在纸上画下日晷的刻度，粘贴在晷面上，日晷就制作完成了。需要注意的是：赤道日晷的晷面是双面使用的，每年的春分至秋分期间，太阳光照到上半截晷针，在上侧晷面留下投影；每年的秋分至第二年春分期间，太阳光照到下半截晷针，在下侧晷面留下投影。图 10-11 所示是一个赤道日晷的晷面刻度样例。

在实际使用日晷时，由于所在地区的经度与时区之间的关系，晷面的刻度还需要进行校正。

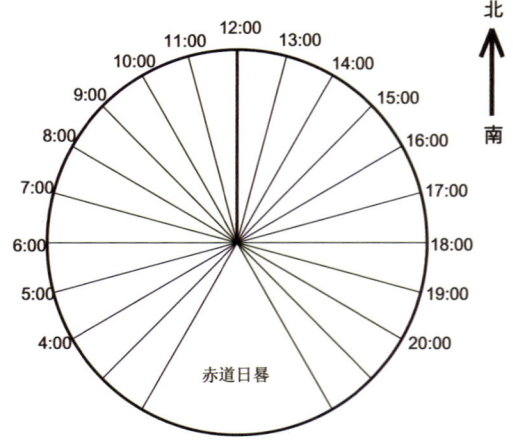

图 10-11　赤道日晷的晷面刻度

2. 地平日晷

3D建模

地平日晷的晷面与晷针不垂直，两者之间有一个固定角度。因此制作地平日晷步骤与赤道日晷略有不同，需要先用 3D 建模软件制作一个"∠"形的晷针。在模型库中搜索"地平日晷"，我们可以找到地平日晷所需的各个部件的 3D 模型文件（stl 文件）。

在 3D 模型库中，地平日晷的部件 3D 模型包括晷面、底座、支脚、调节和固定角度用的螺丝等，其中并不包含晷针。由于地平日晷的晷针与晷面之间呈一个固定角度，并且这个角度等于所在地的纬度，因此不同纬度地区使用的日晷所需的晷针也不同。观察一下图 10-12 的晷面 3D 模型，可以看到晷面上有一个细槽。我们可以在 3D 建模软件中制作一个"∠"形的晷针，使其两条边夹角的大小等于本地纬度（见图 10-13），并在打印制作后将其一条边插入晷面的槽内。这就可以确保晷针与晷面之间的角度符合地平日晷的理论要求。

图 10-12　地平日晷的晷面

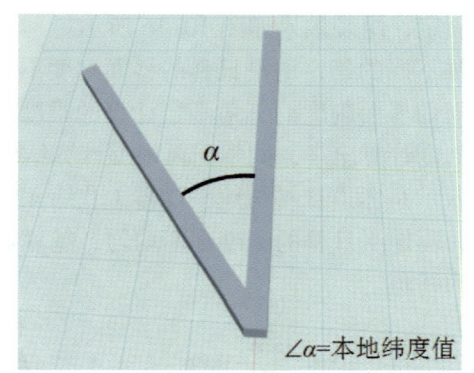
图 10-13　地平日晷的晷针 3D 建模

地平日晷的晷针建模方式比较简单，只需要在 3D 建模软件操作界面中导入两个长方体，调整参数使其成为两个长条状的长方体，并且长、宽与晷面 3D 模型中的凹槽匹配。旋转其中一个长方体，使两个长条状长方体之间的夹角等于本地的纬度值，再通过图形的"并"运算 将两个长方体合成为一个 3D 图形，则完成了地平日晷晷针的建模（见图 10-14）。按图 10-15 完成地平日晷的支脚和螺丝的建模。

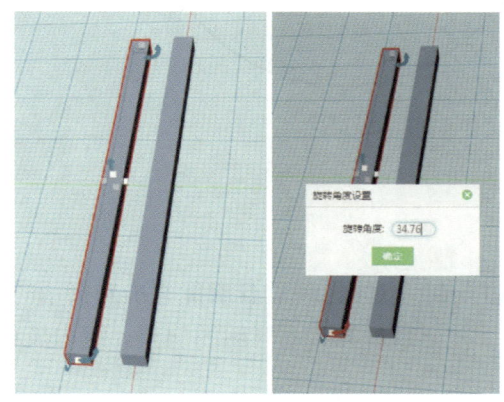
图 10-14　利用两个长方体制作地平日晷的晷针

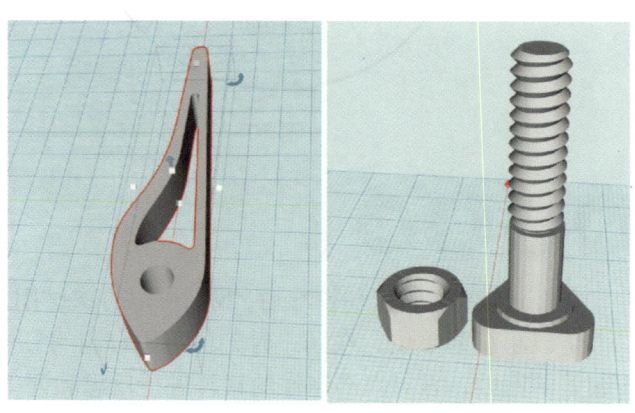
图 10-15　地平日晷的支脚和螺丝（分别需要制作 3 个）

完成晷针的建模后，我们就可以将地平日晷的部件逐一用3D打印机制作出来。类似赤道日晷的制作，在3D打印机上对地平日晷的部件进行设置时，我们需要观察3D模型的具体形状，并确定是否需要在切片时增加支撑或底衬。如果地平日晷的整体尺寸较大，那么3D打印制作的总时间也会相应比较长，需要统筹安排好打印的时间。

图 10-16　地平日晷组装效果图

组装和使用地平日晷时，需要用到水平仪。地平日晷在使用时，要求晷面水平。我们可以将小型的水平仪放置在晷面上，并调节3个支脚，直到水平仪显示晷面已经达到水平，然后拧紧支脚的螺丝进行固定，组装效果如图10-16所示。

与赤道日晷不同的是，地平日晷的晷面刻度不是均匀分布的，需要通过较为复杂的三角函数计算得到。地平日晷的晷面刻度的三角函数计算的难度较大，我们还没有学过，因此可以请老师用计算器先把各时刻的刻度计算出来，同学们再根据计算结果画出晷面的刻度。

图10-17所示是赤道日晷与地平日晷（北纬42°）的晷盘刻度，从中可以明显看出，赤道日晷的刻度是均匀的，而地平日晷的刻度则不均匀，越靠近12:00的位置刻度线越密集，而在6:00、18:00附近的刻度线较为稀疏。

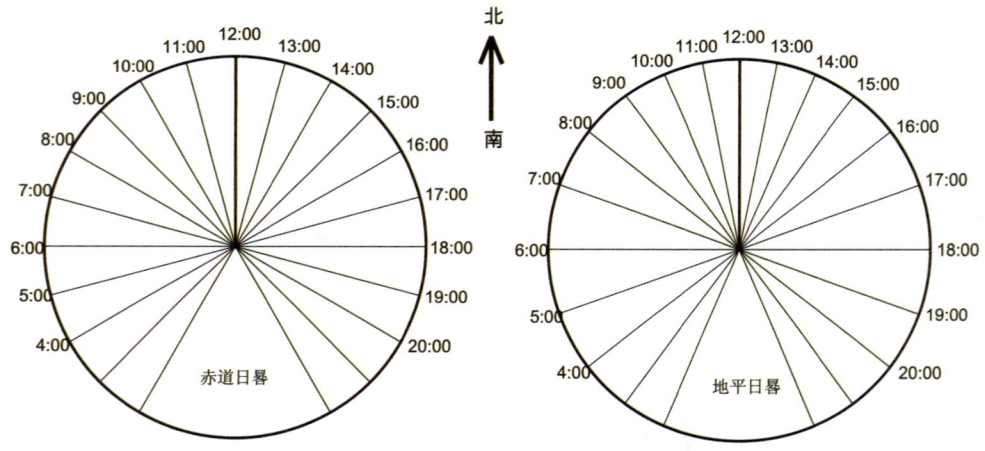

图 10-17　赤道日晷与地平日晷（北纬42°）的对比

在经过设计、制作和校准后，我们可以再次试用日晷，并与钟表对照，看看日晷能否准确指示时间。

请以小组为单位，在同一时刻各组用自制的日晷报时，并记录日晷显示时间的误差。组内成员分析误差的原因，并对自己制作的日晷进行反思和评估。

以小组为单位展示自己的学习成果，在班内就日晷形式的选择、设计制作过程、校准过程、试用误差等进行汇报。各组之间比一比，看哪个小组的日晷报时最准，哪个小组制作的日晷样式最好看，各组制作的日晷各有什么特点。

在交流分享的同时，各小组同学进行自我评价和互相评价。

1. 小组自评

序号	评分项目及标准（满分100分）	等级 A	等级 B	等级 C	自我评分	教师评分
1	态度与纪律（15分）	参与态度积极、遵守纪律（11～15分）	参与态度一般，较遵守纪律（6～10分）	参与态度不好，不遵守纪律（1～5分）		
2	明白日晷的基本工作原理（10分）	通过学习、展示及成品质量等来证明达到熟悉的程度（8～10分）	通过学习、展示及成品质量等来证明达到一般的程度（5～7分）	通过学习、展示及成品质量等来证明还不太熟悉（1～4分）		
3	了解日晷的基本结构并使用模型（15分）	通过学习、展示及成品质量等来证明达到熟悉的程度（11～15分）	通过学习、展示及成品质量等来证明达到一般的程度（6～10分）	通过学习、展示及成品质量等来证明还不太熟悉（1～5分）		
4	能用3D打印技术制作日晷（15分）	通过学习、展示及成品质量等来证明达到熟悉的程度（11～15分）	通过学习、展示及成品质量等来证明达到一般的程度（6～10分）	通过学习、展示及成品质量等来证明不太熟练（1～5分）		
5	展示解说（15分）	解说详细、流畅、自信（11～15分）	解说详细度、流畅度、自信度一般，声音较小（6～10分）	解说过于简单、不流畅、缺乏自信，声音小（1～5分）		
6	创意设计（15分）	在二次设计中有自己的优良创意改造，可行性强（11～15分）	在二次设计中有一定的创意改造，可行性一般（6～10分）	在二次设计中很少或没有创意改造，可行性差（1～5分）		
7	分工合作与沟通（15分）	小组成员分工明确并实施优秀，成员间沟通良好（11～15分）	小组成员分工一般，有部分职责或人员分工没考虑到，实施一般，成员沟通一般（6～10分）	小组成员分工简单，许多职责或人员分工没考虑安排，实施较差，成员沟通不良（1～5分）		
8	小计					
总结与反思	从外形、创意、实用等角度评估一下本小组制作出的作品。与其他组的作品比，本组作品的优点和不足都有哪些？					

2. 组间互评

序号	评价项目	评价内容
1	你觉得其他小组制作的日晷中,哪个小组的日晷最好?	
2	对评价项目 1 中所选的小组,他们的日晷好在哪里,请举例说明。	
3	你觉得他们的日晷还有哪些地方可以进一步改进或完善。	

第十一单元 设计和制作齿轮

齿轮是一种古老的机械装置,自发明至今已有2000多年的历史了。本单元的主题是认识齿轮,我们需要了解一些齿轮的术语,能识别常见齿轮的类型,并学习使用3D建模软件中的齿轮模块设计制作大小、形状不同的齿轮。本单元需要使用到3D建模软件、3D打印机、砂纸等工具。

情景导入

齿轮是一种历史悠久的机械装置。在我国侯马铸铜遗址中，出土了春秋时期晋国（公元前1000年—前350年）的齿轮陶范，是目前所知世界上最早的齿轮铸件。三国时期的指南车、记里鼓车、水转连磨等实用工具都是采用齿轮进行传动的。在西方，齿轮装置可以追溯到公元前300多年的古希腊时期，亚里士多德、阿基米德等古希腊科学家都研究过齿轮。在大约公元1世纪前后，古希腊和古罗马人最早应用齿轮制作漏刻、里程计、水车等机械。

指南车

今天，齿轮是最常见的机械传动装置，它在现代各种传动设备中的应用最为广泛。在我们身边，如自行车、手表、汽车、飞机等机械装置中都能见到齿轮的身影。齿轮的特点和优点有传动较精准、效率高、结构紧凑、工作可靠、寿命长等。例如，自行车的飞轮就是利用齿轮作为传动装置的，机械表中也大量地使用齿轮作为动力装置和传动装置。

齿轮之于钟表，齿轮虽微，但绝非微不足道，只要其中一个齿轮坏了，手表也就不跑了。一台机器之所以运转自如，关键在于齿轮。每个齿轮有凹有凸，与其他齿轮互相补足、互相包容而产生动力。作为一个团队，也应该像机器一样，每个成员都应当具备"齿轮精神"，只有包容他人的缺点，并且主动发挥自己的优点，才能促进整个团队不断前进，保证工作的顺利开展。

自行车飞轮

机械怀表

下面我们就来了解一下齿轮有哪些常见种类，它们是怎样实现传动的，以及齿轮的传动有什么样的特点。

学习任务

1. 知道什么是齿轮及关于齿轮的一些常用术语；
2. 知道常见的齿轮种类；
3. 了解齿轮传动的基本方式；
4. 了解齿轮传动时的速度变化；
5. 能使用3D建模软件制作齿轮的3D模型；
6. 能使用3D打印技术制作一些简单的齿轮装置。

活动 1　认识齿轮

一、齿轮的基本结构和分类

齿轮是一种有齿的机械结构，用于传递运动或改变运动的形式。齿轮的工作方式是由一个齿轮与另一个齿轮通过相匹配的齿进行相继啮合来进行的。图11-1所示是一个常见的齿轮，可以看出一个齿轮最重要的有两个部分，一是齿轮的轮齿（简称为齿），另一个是齿轮的轴，也就是齿轮的转动轴。齿和轴是齿轮中最为重要的两个概念。图11-2为齿轮结构示意图，其相关术语释义如表11-1所示。

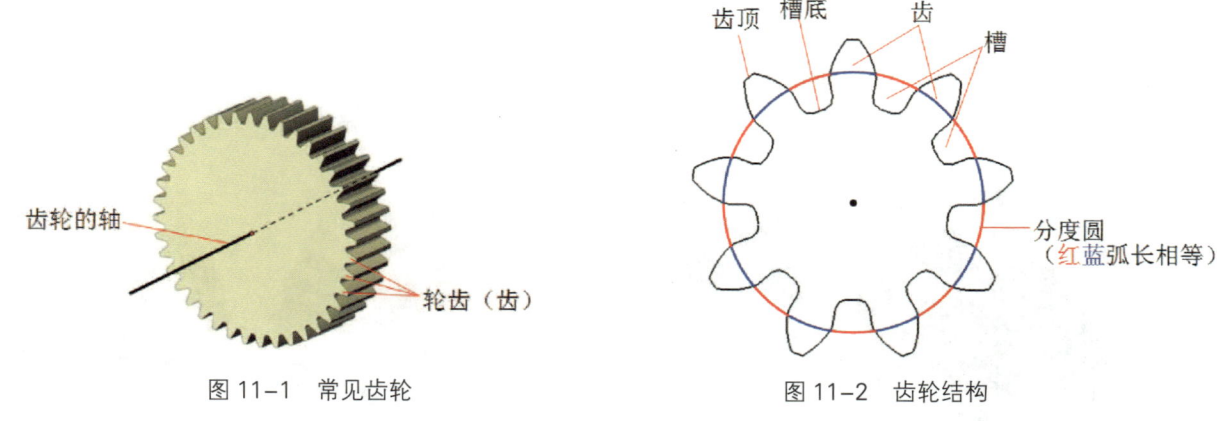

图 11-1　常见齿轮　　　　　　　　图 11-2　齿轮结构

表 11-1　齿轮中关于齿的相关术语

序号	术语	解释
1	齿（轮齿）	齿轮上每个用于啮合的凸起部分，通常呈辐射状排列。齿轮上的齿用于与配对齿轮上的齿接触，并形成持续的啮合运转
2	齿槽	齿轮上两个齿之间的空间（见图11-2）
3	齿顶	齿凸起部分的顶部（见图11-2）
4	槽底	齿槽下凹部分的底部（见图11-2）
5	齿数	齿轮上齿的总数量
6	分度圆	是一个假想的圆，对标准齿轮来说，若一个圆心位于齿轮中心的圆，被齿和槽截的弧长相等，这个圆就是齿轮的分度圆
7	模数	分度圆的直径与齿数之比（见图11-3），同模数的齿轮可以互相啮合

131

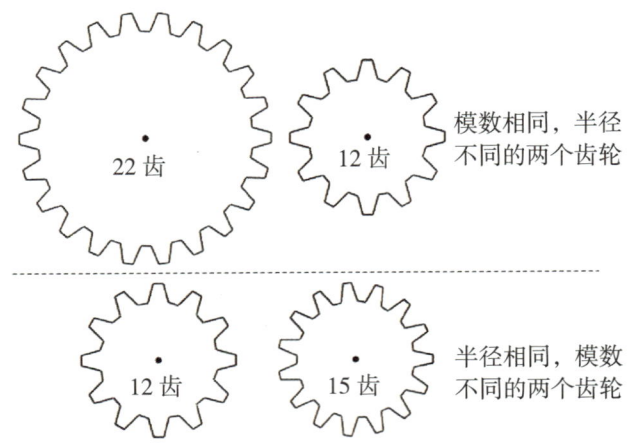

图 11-3 相同模数和不同模数的齿轮

常见的齿轮一般可以分为：圆柱齿轮、锥形齿轮两大类。

圆柱齿轮是齿顶面和槽底面为圆柱面的齿轮，图 11-4 中的齿轮都属于圆柱齿轮。

图 11-4 圆柱齿轮

图 11-5 锥形齿轮

锥形齿轮是齿顶面为圆锥面或截圆锥面（即圆台面）的齿轮，图 11-5 中的齿轮都属于圆锥齿轮。冠状齿轮（图 11-6）是一种特殊的锥形齿轮。

图 11-6 冠状齿轮

图 11-7 内啮合型齿轮副

外齿轮是齿顶曲面位于槽底曲面之外（相对于轴）的齿轮，如图 11-4、图 11-5、图 11-6 中齿轮都属于外齿轮。

内齿轮是齿顶曲面位于槽底曲面之内（相对于轴）的齿轮，图 11-7 中最大的齿轮就是内齿轮。

二、齿轮的基本工作方式

两个齿轮啮合而成的齿轮称为齿轮副（或齿轮对），是齿轮工作时的最基本结构。齿轮副可分为外齿轮副和内齿轮副（见图11-8）。外齿轮副由两个外齿轮构成，内齿轮副通常由一个内齿轮和一个外齿轮构成。在齿轮副中，两个齿轮互为配对齿轮，如果两个齿轮的齿数不同，则一般称一个齿轮副中齿数较多的齿轮为大齿轮、齿数较小的齿轮为小齿轮。

（a）内啮合型齿轮副　　　（b）外啮合型齿轮副

图 11-8　内齿轮副与外齿轮副

两个圆柱齿轮组成的外齿轮副是最简单的齿轮传动结构。如图11-9所示，当左侧的齿轮 A 顺时针转动时，右侧的齿轮 B 会随之逆时针转动。在这个齿轮副中，两个齿轮的轴是平行的，因此也称为平行轴齿轮副。两个齿轮轴的距离称为轴心距，这是我们设计齿轮装置时的一个重要参数。

图 11-9　平行轴齿轮副　　　图 11-10　相交轴齿轮副

除了平行轴齿轮副外，如果使用锥形齿轮构成齿轮副，就可以形成能够改变转动轴方向的相交轴齿轮副（见图11-10）。

如果由3个或3个以上的齿轮构成的复杂结构，则称为齿轮系。图11-11所示是由3个圆柱齿轮构成的齿轮系。在这个齿轮系中，左侧齿轮与右侧齿轮转动方向是相同的，而中间的齿轮则与两侧的齿轮转动方向相反。从运动的传递角度看，这个齿轮系可以将左侧齿轮的运动传递给右侧的齿轮（反过来也可以）。

图 11-11　由3个齿轮构成的齿轮系

活动 2　制作齿轮模型

在初步了解齿轮的结构后，我们可以用 3D 打印方式，设计并制作一个齿轮的模型。齿轮模型的制作过程可以按规划、设计、制作、评价 4 个阶段来进行。

工程规划

小组内根据齿轮的基本结构和原理，以及组内成员的特长、兴趣，讨论完成齿轮模型制作的整体计划方案。规划时，我们需要重点梳理出制作过程大致需要哪些工作，组内成员如何分工。

组内分工：

工作内容	具体分工与负责人	预计耗时	完成情况
全面组织工作（组长）			
画图			
修改模型			
打印机操作			
展示介绍			
创意改进			
其他			

3D建模

一般来说，传统的齿轮的制作过程是比较复杂的。不过通过 3D 建模软件和 3D 打印技术，我们可以较为轻松地制作一些简单的齿轮，并组合成几种齿轮的机械结构。

在与本书配套的 3D 建模软件中，我们可以找到圆柱齿轮、锥齿轮和冠齿轮这 3 种不同齿轮的设计模块。通过这三个设计模块的参数设置，可以制作出各种样式的常见齿轮。

1. 圆柱齿轮的建模

打开 3D 建模软件的主界面后，我们可以在左侧的基础图形一栏的中间偏右的位置找到圆柱齿轮的图标。点击圆柱齿轮的图标后，就可以在建模软件的工作界面中导入一个最基础的圆柱齿轮 3D 模型（见图 11-12）。

图 11-12　在工作界面中导入一个齿轮模型

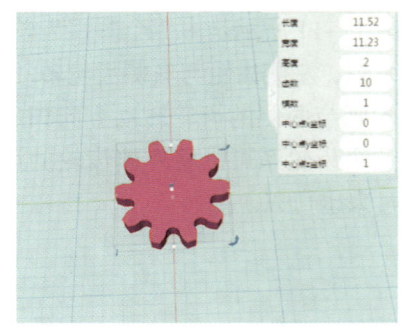

图 11-13　圆柱齿轮模型的参数

用鼠标点击圆柱齿轮的 3D 模型后，会在 3D 建模软件工作界面的右上方弹出一个参数窗口（图 11-13）。除了一般 3D 模型都有的长度、宽度、高度、中心位置坐标外，我们可以看到参数中增加了齿数和模数 2 个参数。

前面已经介绍齿轮中的一些术语，齿数是齿轮上齿的总个数，而模数则是齿轮分度圆直径与齿数之比。分度圆的直径，在齿轮工作时也可以视为齿轮的有效直径。当我们在参数中设定了齿数和模数后，就等同于确定了这个齿轮分度圆的直径。我们基本可以认为：这两个参数决定了齿轮上每个齿的大小以及齿的数量，并以此确定齿轮的有效直径。还需要强调的是，一般情况下，**模数相同的齿轮才能啮合在一起**。

圆柱齿轮中除了外齿轮外，还包括内齿轮。这里有一种简单的方法可以将外齿轮转换为内齿轮。如图 11-14 所示，先在工作界面中构建一个模数为 2、齿数为 25 的外齿轮。然后再导入一个圆柱体，并使这个圆柱体的轴与外齿轮的轴重合，且圆柱体直径大于外齿轮整体宽度。最后利用两个图形的"差"运算：圆柱体 - 外齿轮，就可以得到一个同样模数为 2、齿数为 25 的内齿轮了。

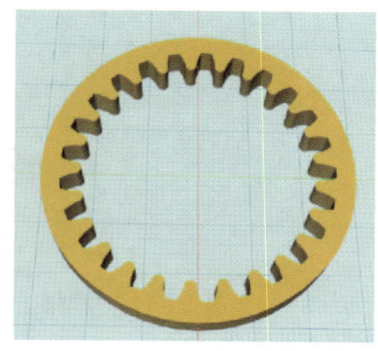

图 11-14　外齿轮的建模

构造出基础的圆柱齿轮 3D 模型之后，我们还需要进一步考虑有实用价值的圆柱齿轮。一般的齿轮中间都会有一个孔，用于将齿轮与转轴结合在一起。一般来说，齿轮必须有一个可以绕之转动的实物轴（不是抽象和概念意义上的齿轮的轴），才能发挥实际作用。在 3D 建模软件中，要给齿轮增加一个孔是很简单的，比如我们可以运用图形的"差"运算，在齿轮中心位置挖掉一个长方体，就可以构建出一个中间带孔的齿轮了，如图 11-15 所示。

对中间有孔的齿轮，我们可以通过图形的"并"运算，将几个圆柱体和长方体进行组合，生成一个与齿轮配套的轴的 3D 模型（见图 11-16）。图 11-16 中间的长方体部分是一个正四棱柱（也就是横截面是正方形的长方体），刚好能嵌入齿轮中间孔。当然，我们也可以使用图形的"并"运算，将轴直接与齿轮进行合成，制作出自带轴的齿轮。

 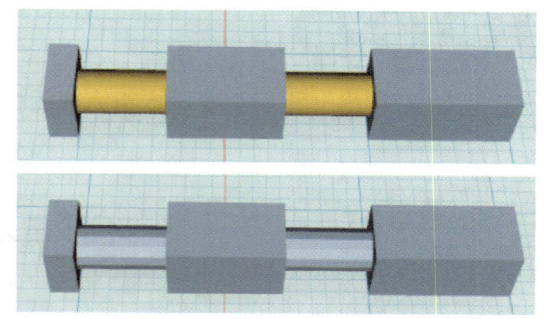

图 11-15　构造一个带孔的齿轮　　　　　图 11-16　与齿轮配套的轴

2. 锥形齿轮和冠状齿轮的 3D 建模

锥形齿轮和冠状齿轮的 3D 建模方式与圆柱齿轮大同小异。在 3D 建模软件的主界面左下方，可以找到锥形齿轮和冠状齿轮的图标（见图 11-17）。点击锥形齿轮或冠状齿轮的图标后，就可以在工作界面中导入一个基础的锥形齿轮或冠状齿轮 3D 模型了。

下面以冠状齿轮为例。导入一个冠状齿轮 3D 模型后，点击这个模型，会在工作界面的右上方出现冠状齿轮的参数窗口（见图 11-18）。冠状齿轮的特殊参数除了模数、齿数外，因其形状特征还增加了齿宽、齿根高两个参数。其中模数、齿数两个参数的含义与圆柱齿轮基本相同。齿宽指的是齿沿半径方向的宽度，在圆柱齿轮中齿宽与齿轮的高相等，但在冠状齿轮中由于形状差异，齿宽需要单独确定。通过参数设定，我们就可以构建出不同大小、形态的冠状齿状轮了。

图 11-17　模型库

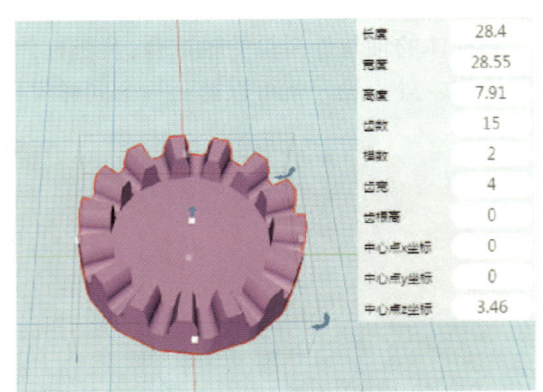

图 11-18　冠状齿轮的参数窗口

锥形齿轮的参数与冠状齿轮基本一致。这些参数具体对锥形齿轮的形状有何影响，我们可以通过在 3D 建模软件中的实际操作来进一步了解。在锥形齿轮或冠状齿轮的中心增加孔或增加轴的方式与圆柱齿轮相同，这里就不再重复介绍了。

完成齿轮的 3D 建模后，我们就可以将 3D 模型文件导入 3D 打印机进行齿轮的制作了。齿轮 3D 打印制作方式与前面介绍过的其他物品基本相同，只不过在完成打印制作后，齿轮需要比较细致的打磨，特别是在每个齿间和轴间部位，需要去掉那些打印时留下的支撑物，并尽量去除打印瑕疵。

完成 3D 打印后，我们需要对本组完成的模型进行观察，看看是否与设计图的预期相符。

创意提升　　　　　制作几个常见的齿轮副或齿轮系

1. 最基本的平行轴外齿轮副

观察基础的平行轴外齿轮副（图 11-19），看看如何将它制作出来。在这个齿轮副中，我们需要制作两个等大的圆柱（外）齿轮和两个轴，并且将它们组装起来。圆柱齿轮和轴的 3D 建模方法前面已经介绍过了，我们照着这个方法去做就可以完成建模过程。

图 11-19　平行轴外齿轮副

图 11-20　支架

为了完成一个可运动的齿轮副，我们还需要给齿轮做一个支架，并且能确保齿轮在支架上可以转动。如图 11-20 所示，支架采用一组 U 形架，可以将一个带轴的齿轮放在两个 U 形架之间，确保不会掉落并且可以自由转动。

U 形架的制作方式就是利用长方体、圆柱体之间的"并"和"差"运算（见图 11-21）。在为 U 形架增加底座之后，我们就可以将齿轮放上去组成一个齿轮副了。最终的打印制作效果如图 11-22 所示。

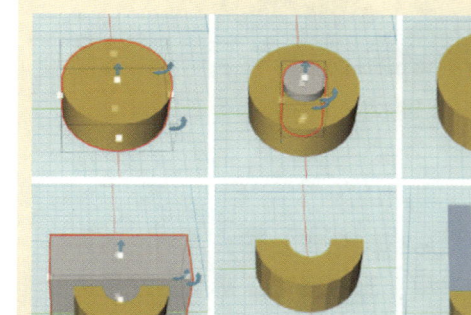
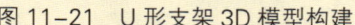

图 11-21　U 形支架 3D 模型构建

图 11-22　平行轴外齿轮副制作效果

对齿轮副的支架来说，2 组 U 形架的底部之间的距离应等于这个齿轮副的中心距。这需要测量或计算得出。

试一试

完成制作后，试着转动一下架子上的齿轮，看看两个齿轮能否联动起来。如果转动无法传递，思考一下问题出在哪里，该如何进行改进。

2. 相交轴外齿轮副

利用冠状齿轮，我们可以让齿轮在运动传递的过程中，使转动轴的方向旋转90°。图11-23所示的就是由一个冠状齿轮和一个圆柱齿轮所构成的相交轴齿轮副。这个齿轮副的3D建模与打印制作的方法与平行轴齿轮副基本相同。

图11-24和图11-25所展示的是由一个圆柱齿轮和一个冠状齿轮组成的相交轴齿轮副的所有零件3D模型及其组装效果。此外，我们也可以用两个锥形齿轮来构成相交轴齿轮副。

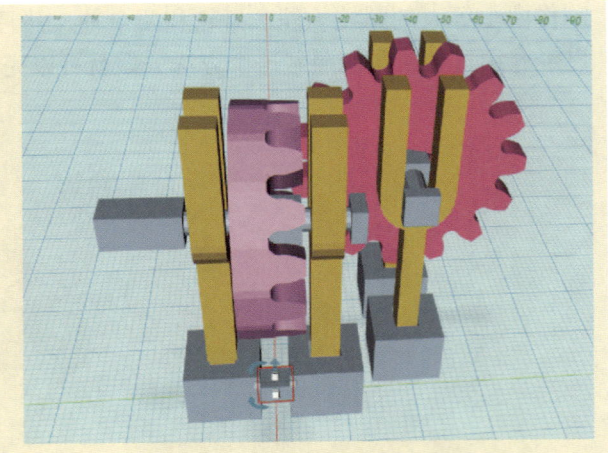

图11-23 相交轴齿轮副

图11-24 装置的所有零件3D模型

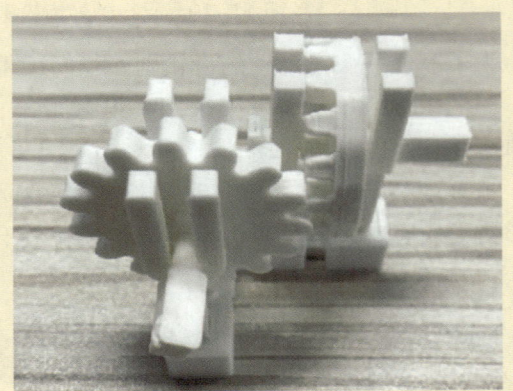

图11-25 组装效果图

在制作这个装置时，最好先做出齿轮和轴，然后根据两个齿轮的大小，估算或测量出齿轮啮合后轴的位置，最后再进行支架的建模。这样就可以避免支架与齿轮不配套的情况。

3. 平行轴齿轮系

使用多个圆柱齿轮，我们就可以组成一个最简单的齿轮系。在这个齿轮系中，通过中间齿轮的传递，左侧齿轮可以将自己的运动状态完全传递给右侧齿轮。

图11-26、图11-27分别为一个由三个齿轮构成的平行轴齿轮系与组装效果图。这个齿轮系的3D建模与打印制作的方法和前面介绍过的平行轴齿轮副基本相同，只是增加了一个齿轮。

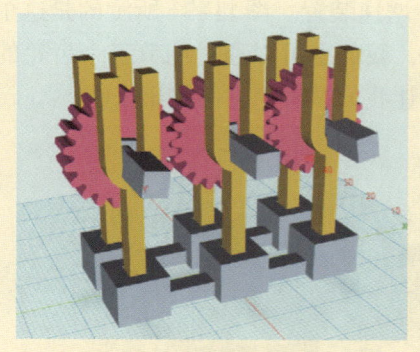
图11-26 （三齿轮）齿轮系

图11-27 平行轴齿轮系组装效果图

4. 增速齿轮副与减速齿轮副

增速齿轮副（系）和减速齿轮副（系）中的增速和减速都指的是齿轮的角速度变化。一般来说，两个啮合的齿轮在传递运动过程中边缘的线速度是保持一致的。若一个齿轮副中的两个配对齿轮的齿数不同，那么就会出现增速或减速的情况。其中，若主动轮的齿数多于从动轮，则称为增速齿轮副（见图11-28）；反之，若主动轮的齿数少于从动轮，则称为减速齿轮副（见图11-29）。

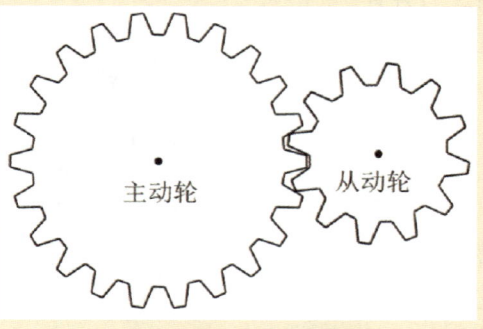
图11-28 增速齿轮副

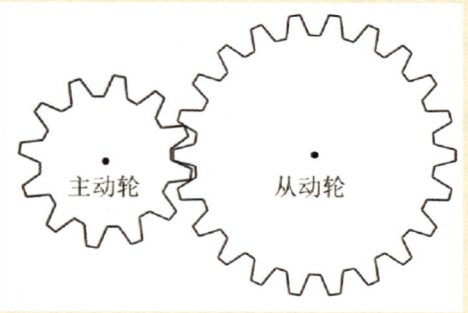
图11-29 减速齿轮副

增速（或减速）齿轮副，能够增加（或降低）配对齿轮的角速度，但却不能改变线速度。那么，有没有方法既改变齿轮的角速度，又能同时改变线速度呢？

图11-30所示的是利用增速齿轮副设计的一个线速度加速装置（齿轮系）。左侧是一个16齿的大齿轮，与它配对的是一个10齿的小齿轮，构成了一个增速齿轮副。当16齿的大齿轮旋转时，10齿的小齿轮随之转动。两个齿轮边缘的线速度相同，但小齿轮转动的角速度却是大齿轮的1.6倍（假设大齿轮1分钟转2圈，即1分钟转了32个齿，小齿轮相应也需要1分钟转32个齿，但因为小齿轮总共只有10齿，因此小齿轮1分钟内转了3.2圈）。右侧除了小齿轮外，还有一个与小齿轮同轴且同步转动的20齿的大齿轮，它的角速度保持与小齿轮相同。由于小齿轮的角速度是左侧大齿轮的1.6倍，

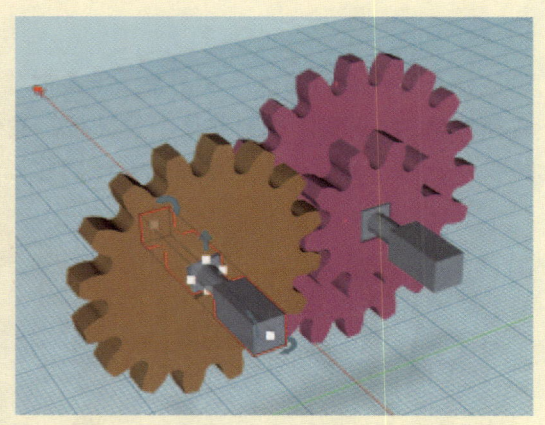
图11-30 齿轮线速度的增速装置

因此右侧大齿轮的角速度也是左侧大齿轮的1.6倍。由于右侧大齿轮有20齿，且角速度是左侧大齿轮的1.6倍，因此右侧20齿大齿轮的边缘线速度可达到左侧大齿轮的2倍，这就起到了增大线速度的效果。当然用类似的方式，也可以实现齿轮线速度的减速。

使用3D建模软件和3D打印机，我们就可以制作出一个增速装置。图11-31所示的是这个增速装置所需部件的3D模型，图11-32是其实际制作效果。同时，我们也可以通过调节三个齿轮的齿数，来改变这个装置的增速或减速效果（改变增、减速倍数）。让我们试着把它制作出来吧。

图11-31　增速装置所需部件　　　　　图11-32　增速装置完成效果

5. 行星齿轮系

行星齿轮系是一种由内齿轮和外齿轮构成的特殊齿轮系。如图11-33所示，在这个齿轮系中有一对同轴的外齿轮和内齿轮，称为太阳轮和内齿圈。另外还有一个外齿轮处于太阳轮与内齿圈之间，并且与这两个齿轮都配对啮合，这个齿轮称为行星齿轮。行星齿轮的轴在一个可转动的行星架上，行星架的轴与太阳轮的轴共线。

在这个齿轮系中，当太阳轮转动时，行星齿轮会随太阳轮的转动而转动。与此同时，由于内齿圈与行星齿轮的啮合作用，行星架也会绕着自己的轴转动。这时行星齿轮除了绕自身的轴转动外，还会随着行星架一起绕太阳轮的轴转动。这种既有自转又有公转的运动方式，与太阳系中的行星运动十分相似，故被称为行星齿轮系。

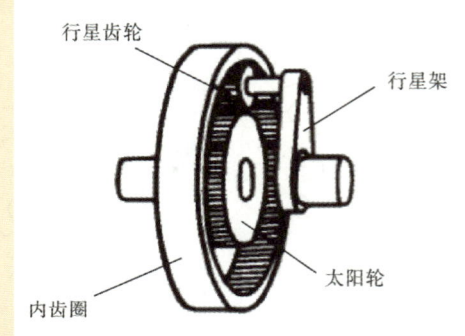

图11-33　行星齿轮系

探究

行星齿轮系的构造比较复杂，需要制作的组装部件也比较多。图11-34所示是制作行星齿轮系所需部件的3D模型。在制作这个装置时，我们除了要进行2个外齿轮、1个内齿轮以及支架、轴的3D建模外，还需要制作出行星架。最终制作好的效果如图11-35所示。

 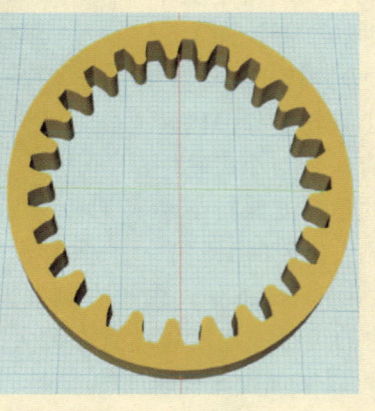 

图11-34　行星齿轮系　　　　　　　　图11-35　行星齿轮系

要如何进行 3D 建模,才能最终组装出一个行星齿轮系呢?

完成以上齿轮装置的设计和制作后,我们比较一下设计图和做出来的模型,看看是否达到了预期的设计效果。

以小组为单位交流一下设计思路和制作过程。观察其他小组的模型,比一比哪个小组完成的作品最好。

在交流分享的同时,各小组进行自我评价和互相评价。

1. 小组自评

序号	评分项目及标准(满分100分)	等级 A	等级 B	等级 C	自我评分	教师评分
1	态度与纪律(15分)	参与态度积极、遵守纪律(11~15分)	参与态度一般,较遵守纪律(6~10分)	参与态度不好,不遵守纪律(1~5分)		
2	知道齿轮的的基本结构和原理(10分)	通过学习、展示及成品质量等来证明达到熟悉的程度(8~10分)	通过学习、展示及成品质量等来证明达到一般的程度(5~7分)	通过学习、展示及成品质量等来证明还不太熟悉(1~4分)		
3	能使用 3D 建模软件制作各类齿轮的 3D 模型(15分)	通过学习、展示及成品质量等来证明达到熟悉的程度(11~15分)	通过学习、展示及成品质量等来证明达到一般的程度(6~10分)	通过学习、展示及成品质量等来证明还不太熟悉(1~5分)		
4	能用 3D 打印技术制作一些简单的齿轮装置(15分)	通过学习、展示及成品质量等来证明达到熟悉的程度(11~15分)	通过学习、展示及成品质量等来证明达到一般的程度(6~10分)	通过学习、展示及成品质量等来证明不太熟练(1~5分)		
5	展示解说(15分)	解说详细、流畅、自信(11~15分)	解说详细度、流畅度、自信度一般,声音较小(6~10分)	解说过于简单、不流畅、缺乏自信,声音小(1~5分)		
6	创意设计(15分)	在二次设计中有自己的优良创意改造,可行性强(11~15分)	在二次设计中有一定的创意改造,可行性一般(6~10分)	在二次设计中很少或没有创意改造,可行性差(1~5分)		

续上表

序号	评分项目及标准（满分 100 分）	等级 A	等级 B	等级 C	自我评分	教师评分
7	分工合作沟通（15 分）	小组成员分工明确并实施优秀，成员间沟通良好（11～15 分）	小组成员分工一般，有部分职责或人员分工没考虑到，实施一般，成员沟通一般（6～10 分）	小组成员分工简单，许多职责或人员分工没考虑安排，实施较差，成员沟通不良（1～5 分）		
8	小计（100 分）					
总结与反思	从外形、创意、实用等角度评估一下本小组制作出的作品。与其他组的作品比，本组作品的优点和不足都有哪些？					

2. 组间互评

序号	评价项目	评价内容
1	你觉得其他小组制作的齿轮中，哪个小组的齿轮最好？	
2	对评价项目 1 中所选的小组，他们的齿轮好在哪里，请举例说明。	
3	你觉得他们的齿轮还有哪些地方可以进一步改进或完善的	

1. 撰写项目总结报告

撰写一篇制作齿轮的项目总结报告，报告的内容应包括以下几个方面：
①项目概况；
②意象造型创意来源及其描述；
③项目中任务的总目标和分解目标（阶段目标）；
④项目实施过程中各环节的次序及完成时间；
⑤项目成果（齿轮）的完成情况；
⑥对整个项目的自我评价和反思。

2. 设计带齿轮装置

利用本节课学到的齿轮知识，自己设计一组齿轮物品并说明其用途，如水车之类，并打印组装。

第十二单元　设计和制作梁架桥

桥是我们在日常生活中常见的一种交通设施，用于跨越各种障碍物。桥在我们日常交通中扮演着重要的角色，城市道路、高速公路、铁路、河湖、海岛等到处都能看到各式各样的桥梁。本单元的主题是带领同学们认识梁架桥，并设计制作一个梁架桥模型。让我们一起来学习吧。

> **情景导入**

1. 同学们，请你查阅下桥梁的起源和分类，并在课堂上进行分享。
2. 你们能说出以下两图桥梁的名称吗？

没错，它们就是著名的潮州湘子桥和港珠澳大桥。

潮州湘子桥（又称广济桥）是古代桥梁建筑的杰作，位于广东省潮州古城的东门外，初建于宋代，距今已有800余年的历史。湘子桥奇特别致的结构，集梁桥、拱桥、浮桥等形式于一体，是凝结了古代劳动人民的智慧和艺术的结晶。湘子桥全长500 m，东岸桥墩13座，西岸桥墩11座，由于"中流警湍尤深，不可为墩"（意思是说大河中间流水很急很深，不可以造桥墩），这时聪明的劳动人民便想出了用18梭船连接两边桥墩的办法。这是人民面对困难勇于创新的体现，也是我们中学生要培养的优秀品质。

在现代城市中，梁桥应用也非常广泛。港珠澳大桥是我国的一座跨海大桥，连接香港大屿山、澳门半岛和广东省珠海市，全长49.968 km，主体工程"海中桥隧"长35.578 km。港珠澳大桥东接香港特别行政区，西接广东省珠海市和澳门特别行政区，是世界上最长的跨海大桥，连起世界最具活力的经济区。它在促进香港、澳门和珠江三角洲西岸地区经济的进一步发展具重要战略意义，是我国从桥梁大国走向桥梁强国的里程碑之作。

据史料记载，我国在周代已建有梁桥和浮桥。古代桥梁在17世纪以前一般是用木、石材料建造的，梁桥是其中多见的一种桥梁形式。公元11—12世纪南宋泉州地区先后建造了几十座较大型的石梁桥，其中比较出名的有洛阳桥、安平桥。洛阳桥原名万安桥，是我国现存最早的跨海梁式大石桥，桥长834 m，宽7 m。安平桥是我国现存古代最长的石梁桥，俗称五里桥，始建于南宋绍兴八年（1138年），历时14年建成。2016年安平桥被评为国家4A级景区。

洛阳桥

安平桥

梁桥种类很多，也是公路桥梁中最常用的桥型，其跨越能力可从20m直到300m。梁桥跨径大小是衡量技术水平的重要指标，一定程度上反映一个国家的工业、交通、桥梁设计和施工各方面的成就。本单元我们就来试一试制作一个梁桥的模型。

学习任务

1. 调查了解身边的桥；
2. 了解简支梁桥的基本结构；
3. 参考教材样例，规划、设计并制作一个简支梁桥模型；
4. 探究其他类型的梁桥结构并尝试制作模型。

活动 1　认识桥梁

不管是城市路网还是高速公路，梁桥随处可见。请同学们观察身边的梁桥，它们都有哪些不同之处？

以小组为单位，通过网络查找资料和实地考察的方式进行一次梁桥大调查，并填写表12-1所示调查表。

表12-1　桥梁调查表

桥名		调查小组	
桥的概况	所在位置		
	建桥时间		
	桥的功能		
桥的流量	人流		
	车流		
	船流		
桥的特点			

梁桥，又称为梁架桥，是以主梁作为承重构件的桥梁类型，也是日常生活中最常见的桥梁类型之一。梁桥根据其结构，可细分为简支梁桥、悬臂梁桥、连续梁桥、T型刚构桥等。在各种梁桥中，简支梁桥的结构最为简单。

简支梁桥一般由桥台、桥墩、梁、桥面等构成。图12-1是一个由桥墩、梁和桥面构成的简支梁桥的示意图，桥墩上红色部分是梁，梁上方的蓝色部分则是桥面（即与车辆、行人直接接触的部分）。当桥上有人或车时，梁承担着承重的作用。桥台位于桥的两端，起支承桥梁上部结构和与路堤衔接的作用（图12-2）。

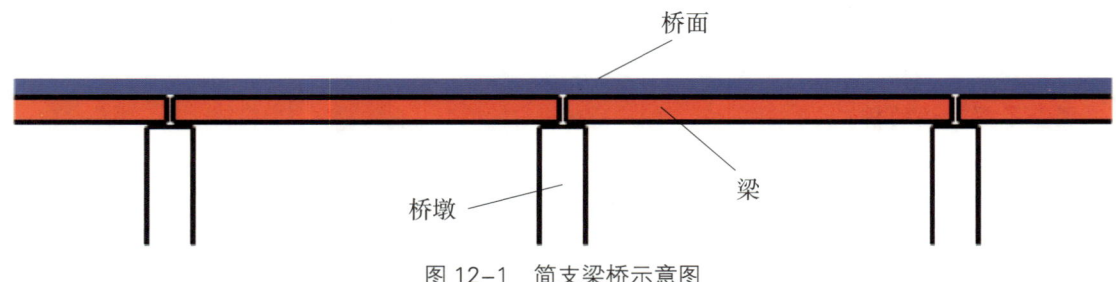

图 12-1 简支梁桥示意图

图 12-2 桥墩和桥台

梁桥中的梁，在承重受力时会发生形变（图 12-3）。当梁弯曲时，梁的内部会产生横向的作用力：其中，在受力的一侧由于形变会产生压力，而在另一侧则会产生拉力（图 12-4）。如果梁的下侧承受不住拉力或上侧承受不住压力，梁就会被破坏。在实际的建筑工程中，如何让梁能够承受更大的压力和拉力，是桥梁结构研究的重要课题。

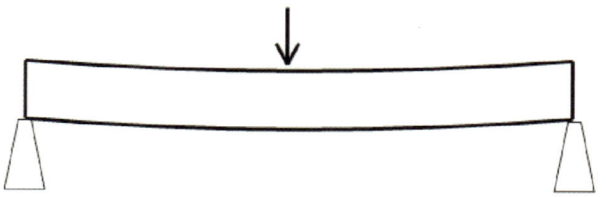

图 12-3 梁受压时的形变

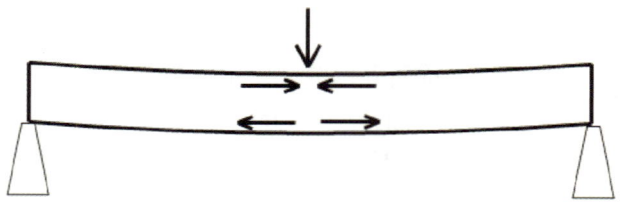

图 12-4 梁受压时的内部作用力

活动 2　制作简支梁桥模型

在初步了解简支梁桥的结构后，我们可以用 3D 打印方式，设计并制作一个简支梁桥的模型。简支梁桥模型的制作过程可以按规划、设计、制作、评价 4 个阶段来进行。

工程规划

小组内根据简支梁桥的基本结构和原理，以及组内成员的特长、兴趣，讨论完成简支梁桥模型制作的整体计划方案。规划时，我们需要重点梳理出制作过程大致需要哪些工作，组内成员如何分工。

组内分工：

工作内容	具体分工与负责人	预计耗时	完成情况
全面组织工作（组长）			
画图			
修改模型			
打印机操作			
创意改进			
展示介绍			
其他			

3D建模

各个部件的 3D 模型文件（stl 文件），可以用来在设计过程中进行参考。

图 12-5 是一个简支梁桥的模型样例（不含桥台），具体包括了桥墩、梁、桥面、用于组装用的连接柱和桥上装饰物等。将这些 3D 图形进行 3D 打印制作后，就可以组装成一个简支梁桥的模型了（参见图 12-6）。

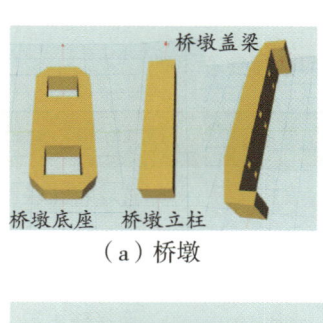
（a）桥墩

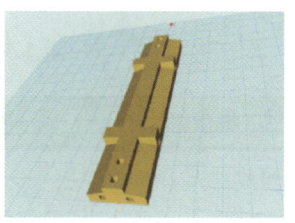
（b）梁

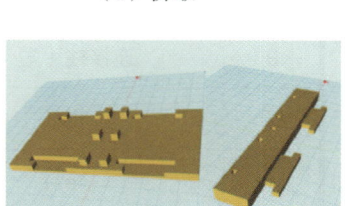
（c）桥面

（d）连接柱、栏杆和路灯

图 12-5　简支梁桥模型样例的部件 3D 模型

图 12-6　简支梁桥模型样例的组装效果

我们要设计一个简支梁桥模型，需要考虑桥墩、梁、桥面和装饰物等的设计和 3D 建模，特别是部件之间如何进行连接的问题。参考方案中采用的类似榫卯的连接方式，预选在梁、桥面、桥墩盖梁等部件的 3D 模型中设计好方形小孔，再通过连接柱将它们连接在一起。当然，我们也可以采用其他连接方式，比如用万能胶将部件粘在一起。

我们还可以通过对参考模型的修改来实现模型部件的 3D 建模，包括改变桥墩立柱的高度、设计更美观的护栏、路灯，优化人行步道等。例如，参考模型提供了一个双柱式的桥墩，实际生活中桥墩的样式很多，比如单柱式、多柱式、矩形薄壁式、双叉形、四叉形等等。根据我们对身边梁桥的调查结果和设计图，3D 建模时可以对桥墩模型进行相应调整。

注意：如果在模型中改变了梁、桥面、盖梁等部件的长宽比，原参考模型上用于连接的方形小孔就会发生形状的改变，需要随之调整连接柱的截面宽度和高度。

完成各部件的 3D 建模后，我们就可以进行打印制作了。表 12-2 是样例中各部件的打印数量。实际打印时，我们需要根据实际设计图来进行。

表 12-2　模型打印数量参考

序号	3D 模型名称	打印数量	序号	3D 模型名称	打印数量
1	拱的组成部件（顶部）	4	7	连接柱（长）	4
2	拱的组成部件（中间）	8	8	连接柱（中）	6
3	拱的组成部件（拱脚）	8	9	连接柱（短）	12
4	桥面（水平部分1）	4	10	栏杆	4
5	桥面（水平部分2）	2	11	路灯	4
6	桥面（两侧部分）	4			

简支梁桥模型的部件数量较多，打印时间也比较长，需要合理安排时间。在完成各部件的 3D 打印制作后，我们需要用砂纸对桥梁模型进行一些简单打磨，去掉 3D 打印过程中的支撑物。

梁桥模型部件打印完成之后，要对桥梁进行拼装，看看通过我们的调查及对梁桥的认识，制作出的模型部件能否拼装出一个外形美观、功能完整、结构合理的梁桥模型。图 12-7 是参考样例模型的拼装过程。

（a）桥墩的组装（参考）

（b）梁与桥墩的连接（利用连接柱）

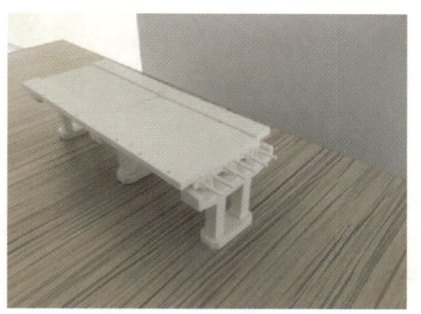
（c）在梁上安装桥面（利用连接柱）

（d）将栏杆、路灯等装饰安装在桥面上

图 12-7　拼装过程

完成组装后，需要对本组完成的模型中相邻两个桥墩之间的跨度和桥下净高度进行测量，看看是否与设计图的预期相符。

我们以小组为单位选出代表，向其他小组介绍一下本组桥梁的设计、制作过程，并展示作品。同时，也要认真聆听其他小组的介绍，看一看其他小组的设计和制作成果有哪些特点。对比一下本组的作品，看看谁做的更好。

创意改进

在完成初步打印组装后，小组讨论，看看可以在哪些方面对梁桥模型进行改进。

以小组比赛形式，每小组派代表展示自己小组的作品，包括设计意图、原理功能、优点介绍、不足之处等。

1. 讨论撰写梁桥模型检验报告

模型名称	
设计小组	
桥面公路最大宽度	
相邻桥墩最大跨度	
实现桥下公路最大宽度和高度	
在3D打印制作中设计是否有效实现了设计预期	
梁桥模型完成功能的同时，在美观、节省材料方面做了哪些设计	
梁桥模型还有什么需要改进的地方	

2. 小组自评

序号	评分项目及标准（满分100分）	等级A	等级B	等级C	自我评分	教师评分
1	态度与纪律（15分）	参与态度积极、遵守纪律（11～15分）	参与态度一般，较遵守纪律（6～10分）	参与态度不好，不遵守纪律（1～5分）		
2	知道梁架桥的基本结构和原理（10分）	通过学习、展示及成品质量等来证明达到熟悉的程度（8～10分）	通过学习、展示及成品质量等来证明达到一般的程度（5～7分）	通过学习、展示及成品质量等来证明还不太熟悉（1～4分）		
3	能使用3D建模软件制作设计梁架桥的3D模型部件（15分）	通过学习、展示及成品质量等来证明达到熟悉的程度（11～15分）	通过学习、展示及成品质量等来证明达到一般的程度（6～10分）	通过学习、展示及成品质量等来证明还不太熟悉（1～5分）		
4	能使用3D打印制作并组装梁架桥（15分）	通过学习、展示及成品质量等来证明达到熟悉的程度（11～15分）	通过学习、展示及成品质量等来证明达到一般的程度（6～10分）	通过学习、展示及成品质量等来证明不太熟练（1～5分）		

续上表

序号	评分项目及标准（满分100分）	等级 A	等级 B	等级 C	自我评分	教师评分
5	展示解说（15分）	解说详细、流畅、自信（11～15分）	解说详细度、流畅度、自信度一般，声音较小（6～10分）	解说过于简单、不流畅、缺乏自信，声音小（1～5分）		
6	创意设计（15分）	在二次设计中有自己的优良创意改造，可行性强（11～15分）	在二次设计中有一定的创意改造，可行性一般（6～10分）	在二次设计中很少或没有创意改造，可行性差（1～5分）		
7	分工合作与沟通（15分）	小组成员分工明确并实施优秀，成员间沟通良好（11～15分）	小组成员分工一般，有部分职责或人员分工没考虑到，实施一般，成员沟通一般（6～10分）	小组成员分工简单，许多职责或人员分工没考虑安排，实施较差，成员沟通不良（1～5分）		
8	小计					
总结与反思	从外形、创意、实用等角度评估一下本小组制作出的作品。与其他组的作品比，本组作品的优点和不足都有哪些？如何改进？					

3. 组间互评

	评价项目	评价内容
1	你觉得其他小组制作的梁桥模型中，哪个小组的梁桥模型最好？	
2	对评价项目1中所选的小组，他们的梁桥模型好在哪里？请举例说明。	
3	你觉得他们的梁桥模型还有哪些地方可以进一步改进或完善？	

制作其他类型梁桥的模型

在梁桥家族中，除了简支梁桥外，还有悬臂梁桥（参见图12-8）、T型刚构桥（参见图12-9）等类型。它们是从简支梁桥发展而来的。在学习了简支梁桥的基本结构，并完成模型制作的基础上，我们能否进一步探究其他类型梁桥的结构，并尝试制作模型呢？

请以小组为单位，通过互联网查找并学习关于悬臂梁桥或T型刚构桥的相关知识，并设计制作出一个悬臂梁桥或T型刚构桥的模型。

图 12-8　南宁市北大桥（悬臂梁桥）

图 12-9　沙口大桥新桥（刚构桥）

在实际的桥梁建筑中，有时桥梁设计师们会用桁架结构来制作梁桥的承重梁。用桁架结构制作的梁不仅坚固美观，而且比一般的梁更节省材料。这种采用桁架结构的桥，也称为桁架桥。图 12-10 是一个桁架梁桥的 3D 模型。使用 3D 打印制作梁桥模型时，采用桁架结构来制作梁会更为省时省料。

请以小组为单位，研究一下能否用桁架结构替代原来的梁，设计制作一个梁桥的模型。

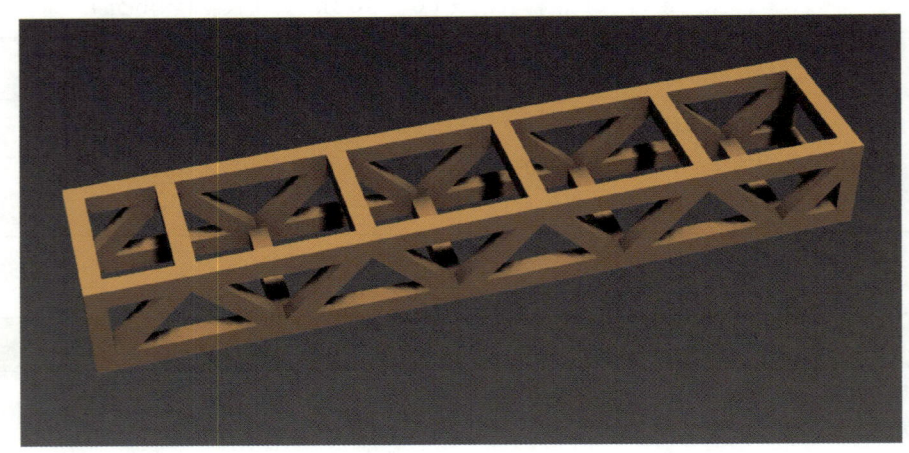
图 12-10　桁架梁 3D 模型

第十三单元　设计和制作龙舟模型

赛龙舟是中国民间传统水上体育娱乐项目，一般在端午节前后举行，为多人集体划桨竞赛。赛龙舟最早兴起于汉代。赛龙舟不仅是一种体育娱乐活动，更体现出我国传统历史文化的继承性和集体主义精神。本单元我们就一起来认识制作龙舟模型。

情景导入

你知道龙舟的来历吗？你观看过龙舟比赛吗？

龙舟，是端午节竞渡用的龙形船，通常船上画着龙的图案或做成龙的形状。赛龙舟发源于中国，在东亚、东南亚地区是盛行的民间活动。

提起龙舟的起源，人们自然就会想起纪念屈原，其实，龙舟作为一种文化，它的出现比屈原所处的年代要早得多。据专家考证，进行龙舟竞渡的先决条件必须是在产稻米和多河港的地区，这正是中国南方地区的特色。在古代典籍有关龙舟起源的记载中，最早是出现在东汉。据此可以推测，端午的习俗最初可能只在长江下游吴越民系中流行，后来吴越文化逐渐和中原文化交流融合，这种习俗才传到长江上游和北方地区。又盛传龙船源于湖南西北部沅陵之说。沅陵龙舟起源于 5000 年前，所以比纪念屈原的说法要早 3000 多年。

在我国，主要有广东龙舟、湖南龙舟、福建龙舟、江西龙舟、浙江龙舟，其中以广东龙舟最为盛行。广东的龙舟又以顺德龙舟、南海九江镇龙舟、东莞龙舟、叠滘龙舟、潮汕龙舟为代表。

龙舟展示的不仅是划船的技巧，还有团结奋进的精神，以及对胜利的渴求与拼搏。龙舟的前进，靠的是船上所有人力量的总和，靠的是整支队伍的团结协作与齐心合力。队员间有配合、有默契、有感情才能赛出水平。同样，作为中学生，我们也要学习这种团结奋进的精神，才能成就集体、成就自我。

龙舟运动作为一项国粹，近年来逐渐从民间走向竞技。舞台在变，但其蕴含的团结奋进、坚持拼搏的精神却不变。

龙舟是我们最典型的传统文化之一，本单元就让我们来一起试试制作龙舟模型。

1. 龙舟与帆船、渔船有什么不同之处？
2. 对于制造龙舟模型来说，哪几样构件是必不可少的？

> **学习任务**
>
> 1. 了解龙舟的文化；
> 2. 了解龙舟的基本结构；
> 3. 参考教材样例，规划、设计并制作一个龙舟模型；
> 4. 尝试二次设计并制作模型（添加花纹、改造等）。

活动 1 认识龙舟

龙舟的结构（图 13-1）分为龙头、龙尾、龙骨、龙肠、卣板等部分；活动部分则有龙桡、龙梢、龙船鼓、双铜锣、龙棍及龙旗等饰物。

一条龙舟，可以拆解为三部分：龙头、龙身、龙尾。一般情况下，龙身先造，并在两侧预留位置安装龙头和龙尾。龙船雏形做出来后，还需用一种像糯米糍粑的东西与葛麻棉一起塞满龙船料之间的缝隙，这道工序叫"捻船"。像糯米糍粑的东西叫"油石灰"，是将桐油、石灰按一定的比例混合，然后用石碓舂成的。龙船的缝隙塞满之后，还要用桐油把整个船身里里外外刷几遍。搁置几天，龙船就可以下水了。

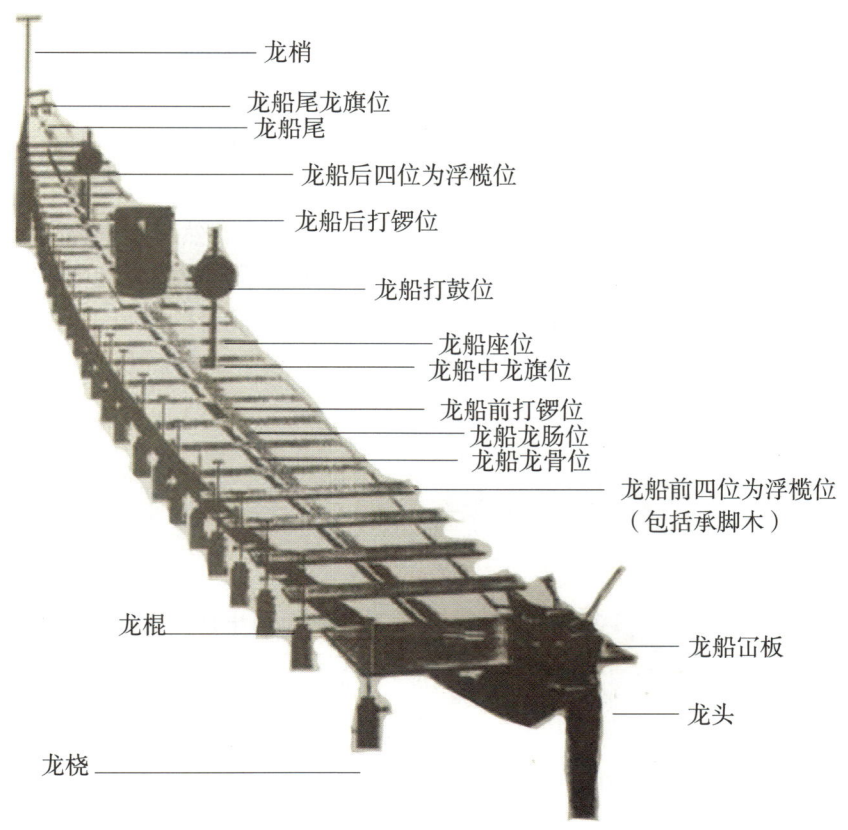

图 13-1 龙舟结构

活动 2　制作龙舟模型

在初步了解龙舟的结构后，我们可以用 3D 打印方式，设计并制作一个龙舟的模型。龙舟模型的制作过程可以按规划、设计、制作、评价 4 个阶段来进行

工程规划

小组内根据龙舟的基本结构和原理，以及组内成员的特长、兴趣，讨论完成龙舟模型制作的整体计划方案。规划时，我们需要重点梳理出制作过程大致需要哪些工作，组内成员如何分工。

组内分工：

工作内容	具体分工与负责人	预计耗时	完成情况
全面组织工作（组长）			
画图			
修改模型			
打印机操作			
展示介绍			
二次设计			
其他			

通过 3D 建模软件，我们可以在构造龙舟 3D 模型的同时，进一步了解龙舟的结构。具体的建模方法如下：

（1）先在建模软件中导入龙舟的船体 3D 模型（见图 13-2），然后依次将横挡 3D 模型导入工作界面中（有多个），并按照龙舟的结构将它们安放在船体中的适当位置（见图 13-3、图 13-4）。然后将龙骨的 3D 模型导入工作界面（见图 13-5），将龙骨放置在船身的中间（见图 13-6）。通过图形的"并"运算，我们可以将船身、横挡、龙骨合成为一个 3D 模型。

小提示　横挡的个数根据设计的龙舟长度来自行计算。

注意： 导入后，横挡和龙骨的 3D 模型会出现在工作界面的中间，有可能被船体挡住。用右侧的查看菜单，可以隐藏/显示船体，便于我们调整横挡的位置（见图 13-7）。

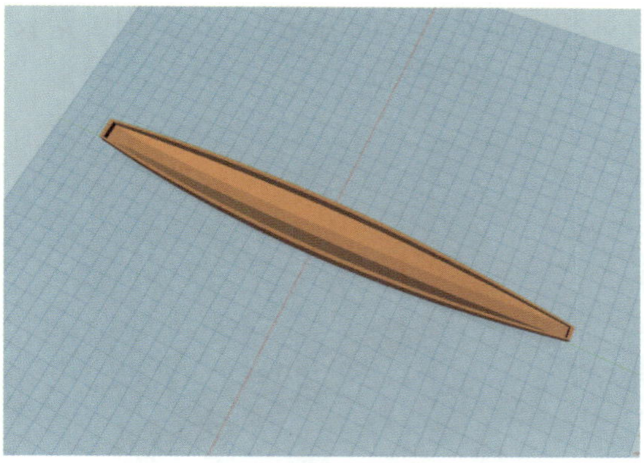

图 13-2

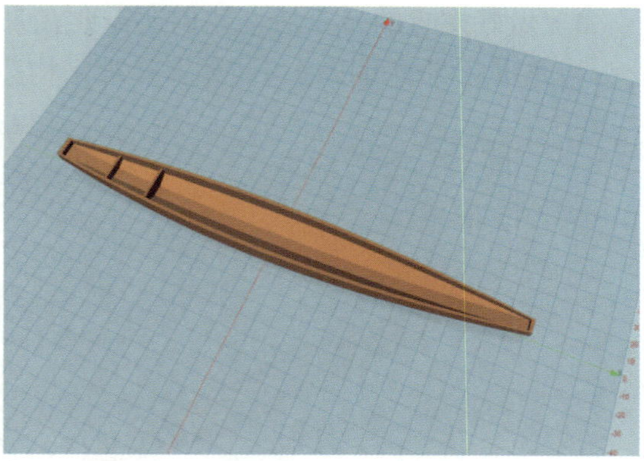

图 13-3

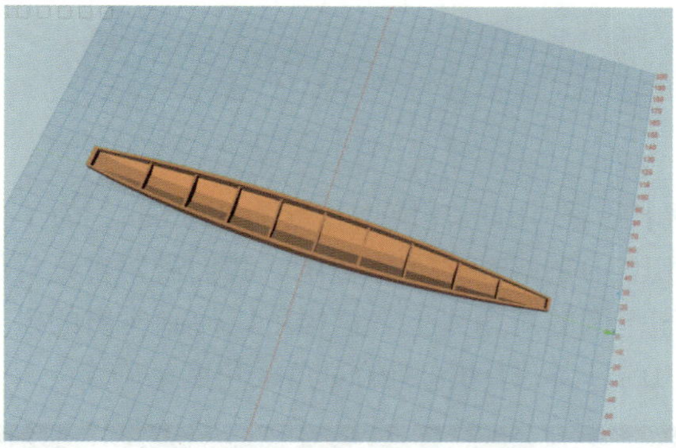

图 13-4

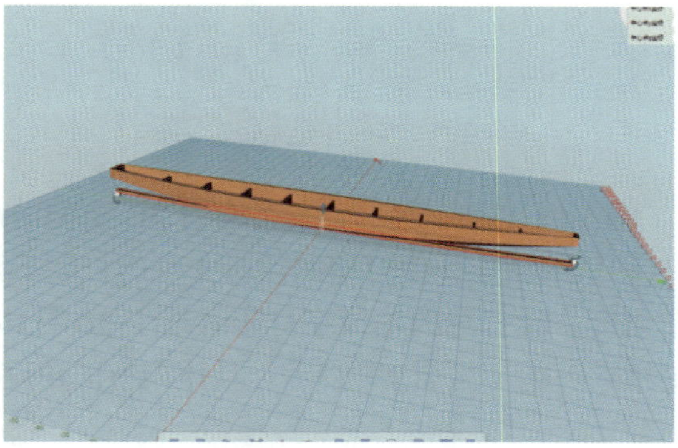

图 13-5

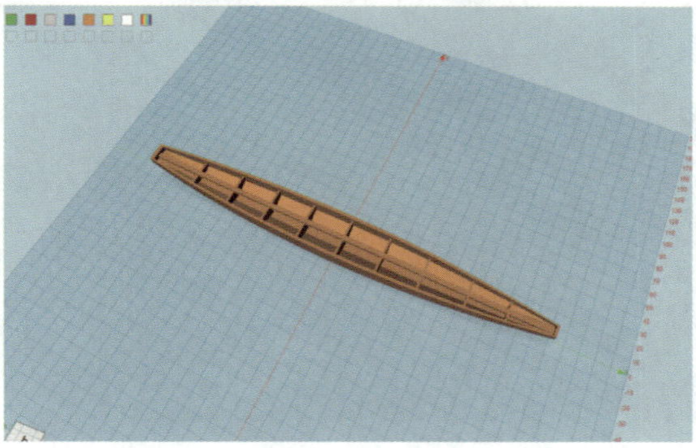

图 13-6

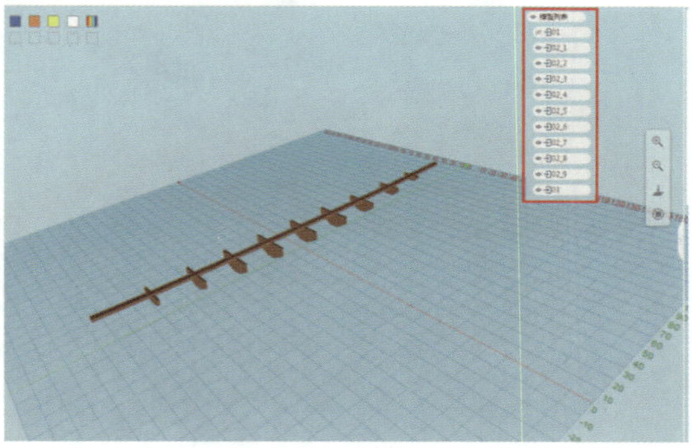

图 13-7

（2）类似前面的做法，我们可以继续将龙舟的座板、盖板的 3D 模型导入工作界面，并依次将它们与前面做好的 3D 模型进行逐一地组合（见图 13-8、图 13-9）。最后完成整个龙舟舟身的 3D 模型。

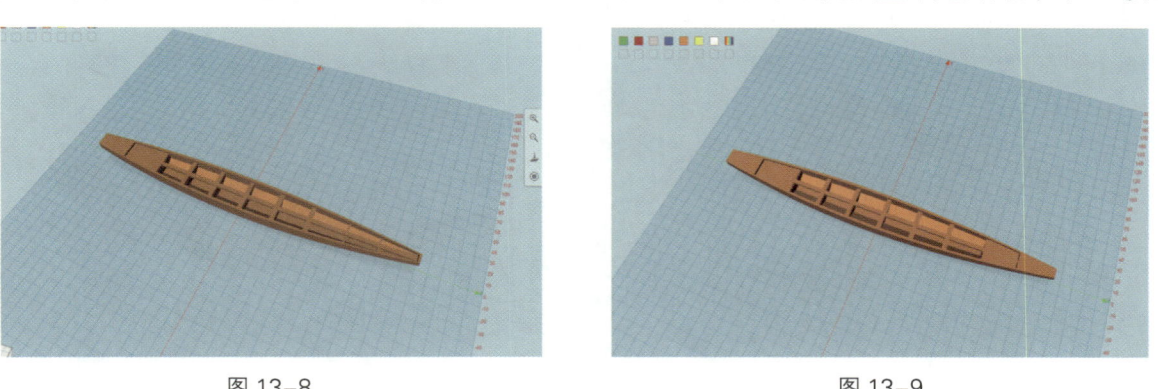

图 13-8

图 13-9

（3）做好龙舟的舟身后，我们还需要在舟身的首部和尾部分别构造出一个凹槽，用于安装龙舟的龙头和龙尾。凹槽可以通过"差"运算来构造（见图13-10、图13-11）。

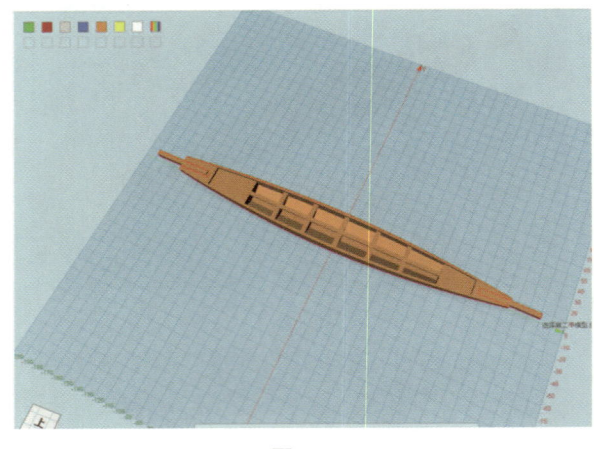

图13-10

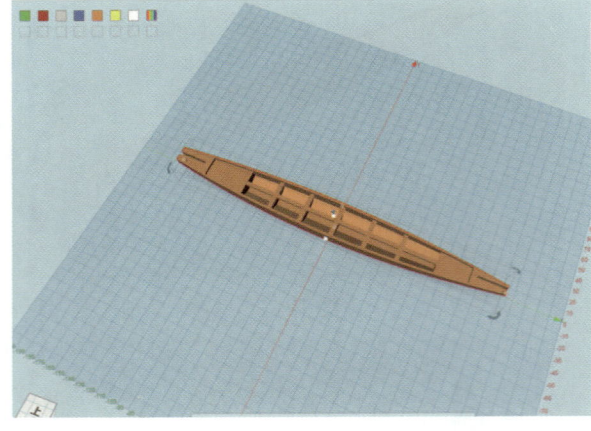

图13-11

（4）图13-12所示，龙舟舟身3D模型的形状狭长，图中的3D模型长度为320 mm。为了便于3D打印机的制作，使打印制作时龙舟的长度不至于超出3D打印机的工作范围，我们需要将舟身旋转一个角度，让舟身的轴线在打印时处于3D打印机打印范围的对角线上。这样可以使制作出的模型更大更精致一些（见图13-13）。具体调整的角度可由3D打印机打印范围的对角线角度来确定。

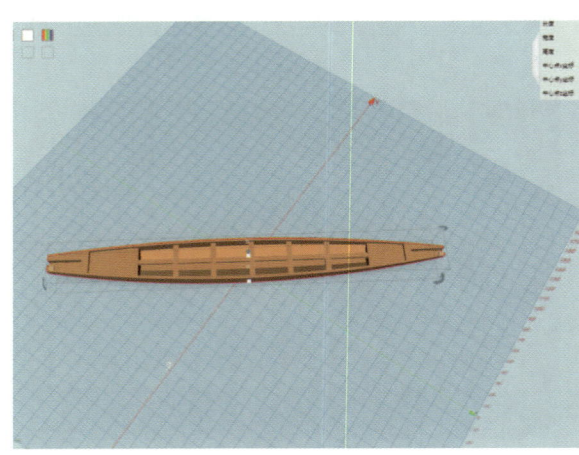

图13-12

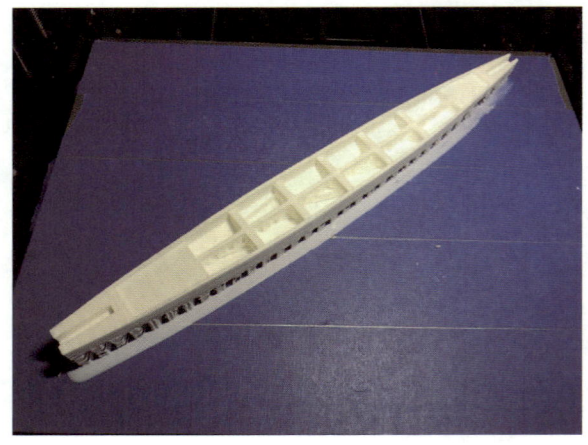

图13-13

（5）完成龙舟舟身的制作后，继续制作龙舟的龙头和龙尾。在制作前，需要先确定龙舟上的凹槽与龙头、龙尾能否结合（见图13-14、图13-15）。

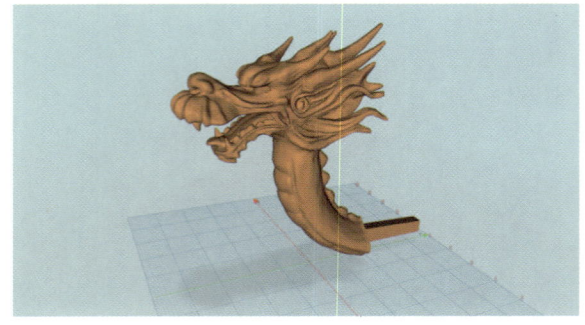

图13-14

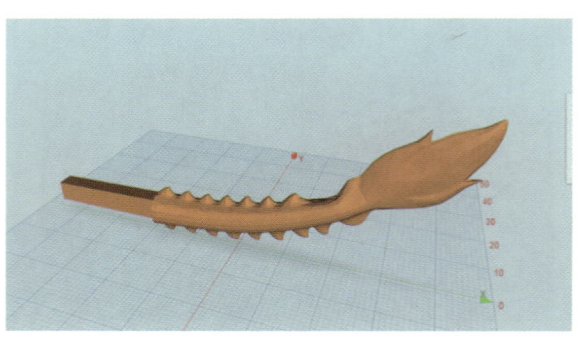

图13-15

第十三单元　设计和制作龙舟模型

完成龙舟舟身的3D建模和龙头、龙尾等部件的3D模型调整后，就可以用3D打印机将龙舟模型的各部件制作出来了。在打印之前，需要再次确认一下龙舟舟身的长度是否处于3D打印机的工作范围内。确认无误后，将3D模型文件依次导入3D打印机进行打印制作（打印效果如图13-13、图13-16、图13-17），并对打印好的部件做组装前的必要处理和打磨。此外，我们还要打印制作与龙舟模型配套的鼓、桨和支架（可直接将3D模型导入3D打印机制作，模型与打印效果如图13-18所示）。

图 13-16　　　　　　　　　　　　　图 13-17

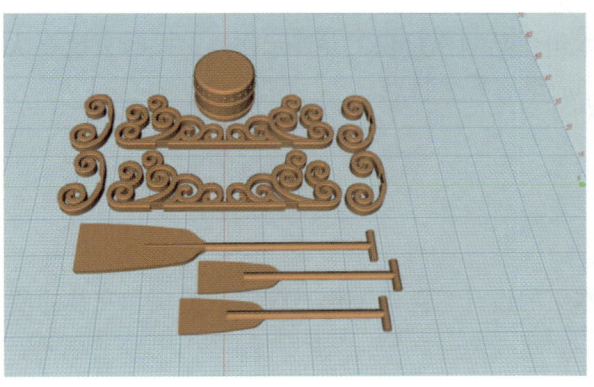

图 13-18

完成龙舟模型各部件的打印制作后，我们可以先将打印制作好的龙头、舟身、龙尾拼装在一起，形成龙舟的基本模型（如图13-19）。然后将配套的鼓、桨、支架等配件与龙舟的基本模型组合在一起（如图13-20）。在打印制作时，我们最好使用白色打印材料进行制作，以便于对龙舟模型上色。

最后，我们要发挥自己的想象力，给龙舟的模型上色，完成整个模型的制作。

图 13-19

图 13-20

对 PLA 材料的 3D 打印成品上色时，可以使用彩色的油性记号笔，或者丙烯颜料进行上色。部分颜料有刺激性异味，使用时应注意室内通风。

完成打印后，对本组完成的模型进行组装，看看是否与设计图的预期相符。

以小组为单位选出代表，向其他小组介绍一下本组作品制作过程，并展示作品。同时，也要认真聆听其他小组的介绍，看一看其他小组的设计和制作成果有哪些特点。

完成龙舟模型组装后，以小组为单位交流一下本组的设计思路和制作过程。从美观和安装的便利性等方面对比一下，看看谁做的更好？

样例模型中有哪些地方可以改进？

1. 小组自评

序号	评分项目及标准（满分100分）	等级A	等级B	等级C	自我评分	教师评分
1	态度与纪律（15分）	参与态度积极、遵守纪律（11～15分）	参与态度一般，较遵守纪律（6～10分）	参与态度不好，不遵守纪律（1～5分）		
2	知道龙舟的基本结构和构成（10分）	通过学习、展示及成品质量等来证明达到熟悉的程度（8～10分）	通过学习、展示及成品质量等来证明达到一般的程度（5～7分）	通过学习、展示及成品质量等来证明还不太熟悉（1～4分）		
3	能使用3D建模软件制作设计龙舟的3D模型部件（15分）	通过学习、展示及成品质量等来证明达到熟悉的程度（11～15分）	通过学习、展示及成品质量等来证明达到一般的程度（6～10分）	通过学习、展示及成品质量等来证明还不太熟悉（1～5分）		
4	能使用3D打印制作并组装龙舟（15分）	通过学习、展示及成品质量等来证明达到熟悉的程度（11～15分）	通过学习、展示及成品质量等来证明达到一般的程度（6～10分）	通过学习、展示及成品质量等来证明不太熟练（1～5分）		
5	展示解说（15分）	解说详细、流畅、自信（11～15分）	解说详细度、流畅度、自信度一般，声音较小（6～10分）	解说过于简单、不流畅、缺乏自信，声音小（1～5分）		
6	创意设计（15分）	在二次设计中有自己的优良创意改造，可行性强（11～15分）	在二次设计中有一定的创意改造，可行性一般（6～10分）	在二次设计中很少或没有创意改造，可行性差（1～5分）		
7	分工合作与沟通（15分）	小组成员分工明确并实施优秀，成员间沟通良好（11～15分）	小组成员分工一般，有部分职责或人员分工没考虑到，实施一般，成员沟通一般（6～10分）	小组成员分工简单，许多职责或人员分工没考虑安排，实施较差，成员沟通不良（1～5分）		
8	小　　计					
总结与反思	从外形、创意、实用等角度评估一下本小组制作出的作品。与其他组的作品比，本组作品的优点和不足都有哪些？如何改进？					

2. 组间互评

序号	评价项目	评价内容
1	你觉得其他小组制作的龙舟模型中，哪个小组的龙舟模型最好？	
2	对评价项目1中所选的小组，他们的龙舟模型好在哪里，请举例说明。	
3	你觉得他们的龙舟模型还有哪些地方可以进一步改进或完善。	

1. 二次创意设计

试着为龙舟进行模型上色等二次创意设计。

2. 扩展探究——制作其他类型的船的模型

在船的家族中，除了龙舟外，还有帆船、渔船、轮船、军舰等类型，在学习了龙舟的基本结构，并完成模型制作的基础上，我们能否进一步探究其他类型船的结构，并尝试制作模型呢？

请以小组为单位，通过互联网查找并学习关于其他类型船的相关知识，视自己实际水平和现实条件设计制作出一个船的模型。

第十四单元　设计和制作自行车模型

　　自行车是我们身边最常见的交通工具，从它被发明至今已有100多年的历史。本单元的主题是制作可动的自行车模型，要求自行车的模型通过齿轮、链条等方式实现中轴与后轴之间的联动。本单元需要用到前面几个单元学过的齿轮、螺丝等知识，需要用到的工具包括3D打印机、砂纸等。下面来试试打印你的"宝驾"吧。

情景导入

你了解自行车的起源吗?请你查找一下自行车起源的资料。

自行车,又称为脚踏车或单车,是一种由骑乘人脚踏驱动的两轮交通工具。在20世纪80年代至90年代,自行车一直是中国城市里最主要的交通工具,当时的中国甚至被一些外国人称为"自行车王国"。有一些数据可以反映出当年自行车在城市交通中的地位:1981年至1991年,国内的自行车产量达到3.16亿辆,到1995年国内自行车保有总量近4.4亿辆;1983年,广州市海珠广场每小时的自行车通过量约4万辆,平均每秒钟就有11辆自行车通过该广场;1986年,首都北京的居民中有超过60%的人日常选择使用自行车出行。

虽然近几年来,随着家用汽车的普及,我国的大城市里上下班时难见自行车洪流,但自行车仍是我们身边随处可见的交通工具,并依然有着重要的社会价值。今天我们谈及自行车时,同学们一定会想到共享单车。它因符合绿色出行的文明理念,并巧妙化解了困扰城市居民已久的"最后一公里"难题,因而受到人们的热捧,并迅速地火了起来。共享单车的出现,让我们出行更加方便快捷,更加低碳环保,更加经济实惠。共享,强调的是人们公平地享有社会资源,各自以不同的方式付出和受益,共同获得经济红利。这就要求我们要有一颗为"共"之心。共享单车的背后,其实是"我为人人、人人为我"的文明理念,是国民素质、城市文明的"明信片",是一道流动的城市人情风景。

在本单元的学习中,我们要认识一下自行车的起源和发展,了解自行车的基本结构,并通过3D打印技术来设计和制作一个自行车模型。

学习任务

1. 知道自行车的起源;
2. 知道现代自行车的基本结构;
3. 会用3D建模软件设计自行车的部分部件;
4. 会用3D打印技术制作自行车模型;
5. 尝试设计和制作一个创意自行车模型。

活动 1　认识自行车

一、自行车的架构部件

在设计一辆自行车模型之前，我们首先需要了解一下自行车是由哪些部件构成的。由于我们的目标是设计一辆能动的自行车模型，因此需要重点认识那些与自行车的骑行密切相关的部件。下面的介绍，根据这一原则将自行车的部件分为了必要部件和辅助部件，这个分类与实际的自行车生产有些不同，但比较有利于我们认识自行车的基本结构和工作原理。

普通自行车的基本结构如图 14-1 所示。对于一辆普通的自行车来说，能够骑行的必要的部件包括：车架、前叉、车把、鞍座、脚蹬、中轴、前轮（包含前轴、轮胎、轮辋、辐条）、后轮（包含后轴、轮胎、轮辋、辐条）、牙盘、链条、飞轮等。在自行车实际的设计和生产中，从安全、便利、省力等角度考虑，还会为自行车增加前后拨链器、前后车闸、车铃、链罩、反射器、前后衣架、车筐、支架、车锁、保险叉等辅助部件。表 14-1 中列出了可骑行的普通自行车必要组成部分的简要说明。

图 14-1　普通自行车基本的构成

表 14-1　可骑行的普通自行车必要组成部分

部件名称	实 际 作 用
车架	是自行车基体和骨架，自行车的其他必要部件都需安装在车架上
前叉	与前轮相连，可以控制前轮的方向
车把	自行车中手扶的部分。在自行车骑行时，车把可以通过前叉来控制前轮的方向
鞍座	自行车骑行时供人骑坐的部件
脚蹬	自行车骑行时供人脚踏部件，人通过脚蹬为自行车提供动力
中轴	与车架和脚蹬相连，是支撑和承载脚蹬转动的部件
前轮部分	由前轴、轮胎、轮辋、辐条等构成，受前叉驱动发生滚动
后轮部分	由后轴、轮胎、轮辋、辐条等构成，是自行车的动力轮，在骑行时为自行车提供向前运动的静摩擦力

续上表

部件名称	实 际 作 用
牙盘	与中轴同轴,用于将脚蹬和中轴的动力传递给链条
链条	跨绕在前、后拨链器上,用于将中轴、脚蹬处的动力传递给后轮(后拨链器、后轴)
飞轮	与后轴同轴,用于接收链条传递来的动力,并带动后轮转动

二、自行车的工作方式

了解自行车的工作方式,对我们设计能动的自行车模型来说是十分重要的。自行车骑行时包含了多个部件之间的联动,其原理涉及物理学中关于摩擦、转动等方面的知识。

普通自行车在骑行时,骑车人坐在鞍座上,用脚连续蹬踩自行车的脚蹬,并使脚蹬绕中轴持续向前转动,这是自行车的动力来源。自行车中轴的转动会带动前拨链器同步转动,并将运动传递给链条。链条随前拨链器转动时,会将运动进一步传递给后拨链器,后拨链器与后轴同步转动,最终使后轮也向前转动。由于后轮与地面之间的静摩擦力(图14-2),地面会给自行车一个向前的力(静摩擦力),使自行车向前行进。与此同时,自行车整体向前的运动会通过车架和前叉传递至前轮,前轮也会因为与地面之间的摩擦力作用而向前滚动。此外,骑车人在骑行时可以通过车把和前叉操控前轮的方向,从而控制自行车的行进方向。

图 14-2　后轮所受的地面摩擦力

自行车在匀速运动时,地面会给予后轮一个向前的静摩擦力,这个静摩擦力用于克服自行车行进过程中前轮、后轮的滚动摩擦以及人和车受到的空气阻力,使自行车保持匀速运动。

活动 2　制作自行车模型（普通自行车）

在初步了解了自行车的基本结构和工作方式后，我们就可以开始进行自行车模型的设计与制作了。

工程规划

请以小组为单位，参考以下自行车模型的样例，按照规划、设计、制作、评价的流程，尝试用 3D 打印方式设计和制作一个能动的普通自行车模型。

组内分工：

工作内容	具体分工与负责人	预计耗时	完成情况
全面组织工作（组长）			
画图			
修改模型			
打印机操作			
创意改进			
展示介绍			
其他			

图 14-3　自行车模型

图 14-3 所示是一个做好的自行车模型。这个模型的前轮、前叉都可以转动，后轮可以由脚蹬来带动旋转。要制作这样一辆能动的自行车模型，我们需要思考并解决以下几个问题：

（1）前车轮、前叉怎样安装在一起？并且使前车轮可以绕前轴自由转动。

（2）车把、前叉和车架怎样结合？并且使组装后的车把和前叉可以转动。

（3）脚蹬、牙盘、中轴和车架之间怎样结合？并且使组装后的脚蹬和牙盘可以同步转动。

（4）后车轮、飞轮和车架之间怎样结合？并且使组装后的飞轮和后轮可以同步转动。

（5）链条应如何设计和制作？

3D建模

图 14-4 所示是这个自行车模型的分解部件。从分解部件中，我们可以看到这个模型采用了以下方式来解决前面提出的 5 个问题。

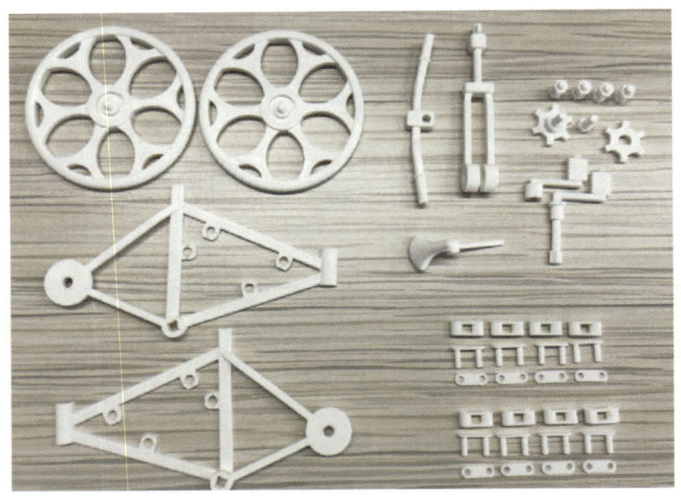

图 14-4 自行车模型的分解部件

（1）模型中的车轮（前轮和后轮相同）圆心处，有一边伸出一根轴，另一边则做了凹下去的螺母设计。在组装时，先将车轮一侧的轴插入前叉的轴孔，再通过一个螺钉为车轮安装另一边的轴（安装步骤见图 14-5）。

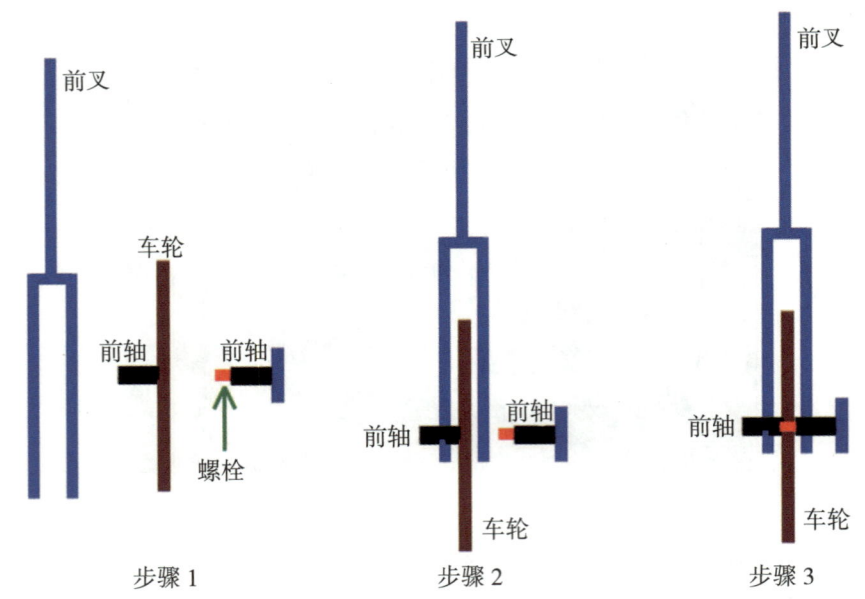

图 14-5 前轮与前叉的安装示意图（横截面）

（2）模型中的车架是由前后两片拼接起来的（用螺丝固定），在两片车架的前端，各有一个半弧形的柱体，拼起来正好是一个中空的圆柱体（见图 14-6）。前叉则从这个圆柱体中穿过，以达到可转动的设计目的。

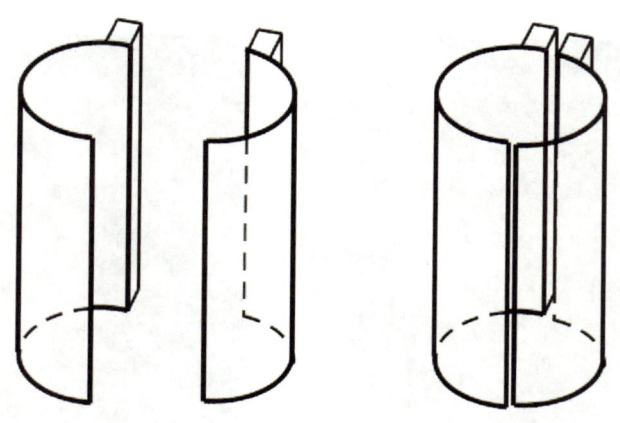

图 14-6　前后两片车架组合形成中空圆柱体

（3）后轮、后轴、飞轮与车架的结合方式类似于前轮与前叉的结合方式，区别仅在于带有螺栓的后轴与飞轮是一体的。当螺丝拧紧后，后轮、后轴和飞轮就结合在一起了，并可以同步转动。（安装步骤见图 14-7）

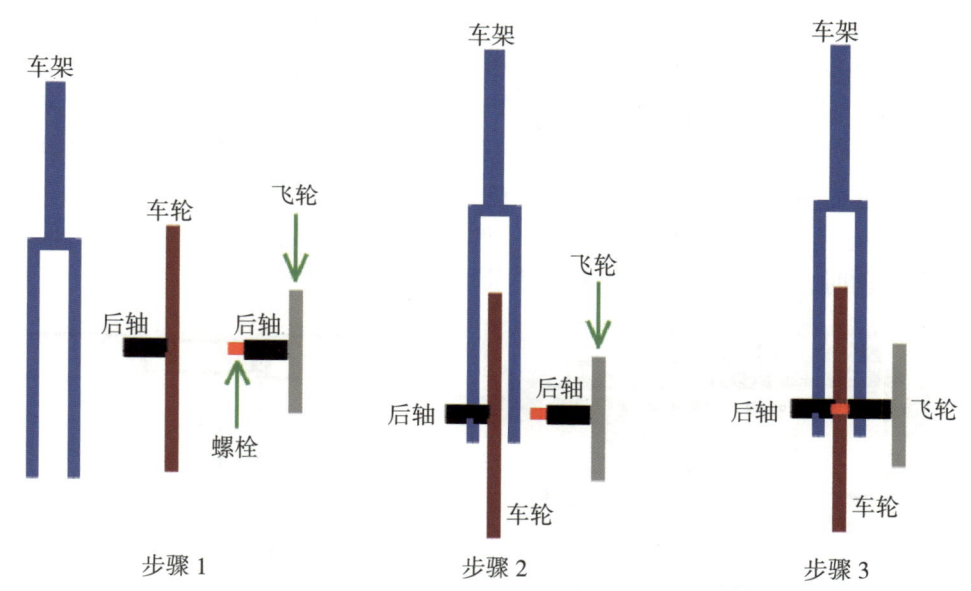

图 14-7　后轮、后轴、飞轮与车架的安装示意图（横截面）

（4）参考模型的一侧脚蹬与中轴是一体的，牙盘的中间部分设计为半圆形中空，可以卡在中轴一端的凸起上，并与脚蹬、中轴同步转动（参见图 14-8）。另一个脚蹬（含曲柄）与中轴之间通过类似榫卯的结构咬合在一起。

图 14-8　中轴和脚蹬的连接方式

（5）在这个参考模型中，链条采用的是可以逐节拆解、组装的 3D 建模方式（图 14-9）。链条的设计是自行车 3D 建模的难点，需要我们确定链条之间每一节的大小，以及组成链条的总节数。在自行车中，链条的每一节的有效长度取决于牙盘和飞轮上的齿距。这里所说的链条的有效长度是指每个节两端活动轴的轴心距，并且这个距离应等于两个齿之间的齿距，也就是齿加槽的平均宽度（见图14-10）。此外，为了让链条能够持续在牙盘和飞轮之间传递运动，还需要飞轮与牙盘之间的距离等于链条每节有效长度的整数倍（图 14-11 中的红色虚线长度）。若牙盘和飞轮之间的距离不是链条每节长度的整数倍，就需要改变车架的大小，使牙盘与飞轮之间调整为合适的距离。从这里我们可以知道，当用链条传动时，牙盘和飞轮上齿的大小及齿距是相同的。

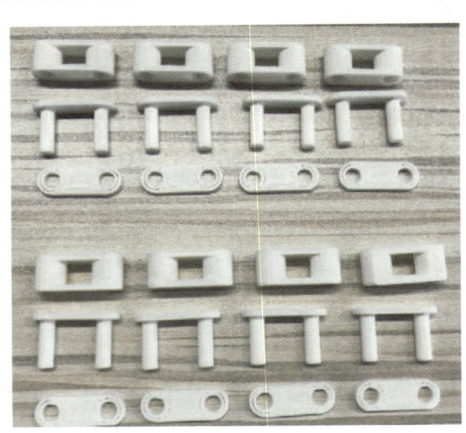
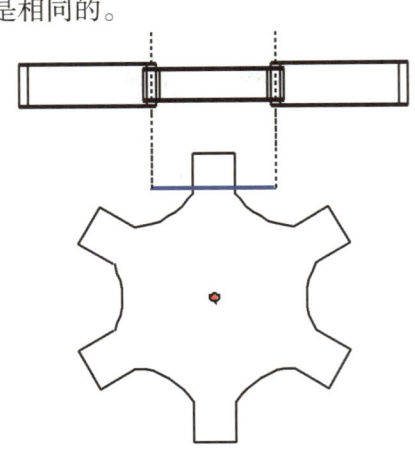

图 14-9　链条的组装部件　　　　　图 14-10　链条的槽宽

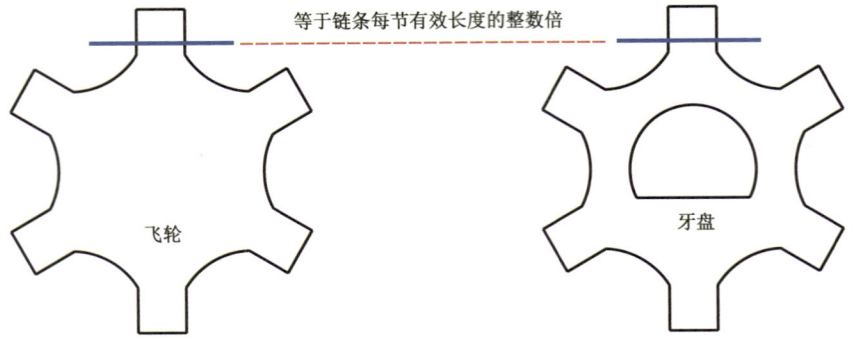

图 14-11　飞轮和牙盘之间的距离与每节链条长度的关系

分析上述 5 个问题后，我们就可以知道参考模型中的部件是如何构成一辆可动的自行车的。如果还不能完全了解参考模型，可以在模型库中搜索普通自行车模型，在 3D 建模软件中仔细观察各个部件的形状，或将它们打印出来手动拼装一下，拼装步骤参见图 14-12。

前轮部分组装后形态

后轮部分组装后形态

中轴部分组装后形态

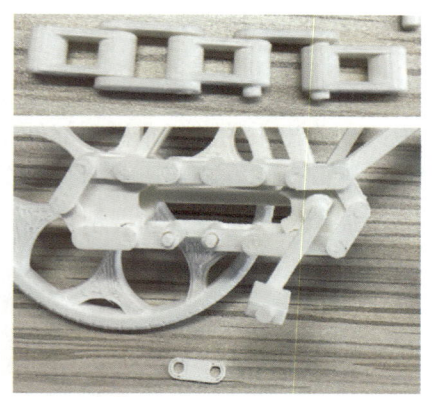
链条组装后形态

图 14-12 参考模型各部件组装后形态

各部件完成组装后，需要对本组完成的模型组装，看看是否与设计图的预期相符。

以小组为单位选出代表，向其他小组介绍一下本组作品制作过程，并展示作品。同时，也要认真聆听其他小组的介绍，看一看其他小组的设计和制作成果有哪些特点。对比一下本组的作品，看看谁做的更好。

样例模型中有哪些地方可以改进？

小提示 李雷同学仅仅用了 3D 建模软件中的长方体、圆柱体以及"并""差"两种基本运算,就完成了一个自行车的车架加前叉的 3D 建模(图 14-13)。请思考一下,他是怎么做出来的?你能有更好的设计思路吗?

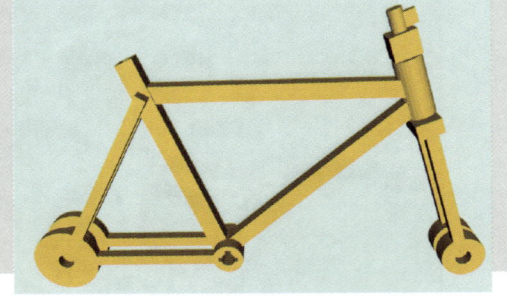

图 14-13　车架加前叉 3D 建模

比一比,议一议

完成普通自行车模型的打印制作和组装后,我们需要对自行车模型的外观和动力传动效果进行评估。如果发现制作出来的自行车模型部件无法组装,或组装后不能按自行车的工作方式正常地传动动力,请思考一下问题出在哪里,并对自行车模型的设计进行改进,重新制作一些部件。另外,我们还需要制作一个展示支架来放置和展示自行车模型。图 14-14 是一个简单的支架及其展示效果。

图 14-14　制作展示支架

每个小组选出一位代表,向其他小组介绍本组的自行车模型的设计思路、特点,展示本组的最终作品。同时,倾听其他小组的介绍,对比本组的作品,思考一下各组作品的优劣所在。

创意提升

设计和制作创意自行车模型

图 14-15 所展示的,是一款由国外创意设计团队发明的 Cyclotron 自行车(Cyclotron 的意思是:回旋加速器),是一种空心轮自行车(也称为无辐条自行车)。从照片中我们可以看到,这种自行车的

前叉位于车轮的上方，前后轮都没有车轴、辐条等普通自行车必备部件。下面我们就来尝试一下，如何来制作一个空心轮创意自行车的模型。

在本书的第十一单元，我们学习过齿轮的相关知识。这里，我们可以考虑采用内齿轮副来实现空心轮自行车的效果。图14-16是一个通过内齿轮副实现空心车轮的自行车模型样例。这个样例中车架的后部结构与普通自行车有一定差异。对空心轮的自行车来说，车架无法在后轴处与后轮连接，因此需要考虑在轮辋处将车架与车轮结合。

图 14-15　空心轮自行车

图 14-16　空心车轮自行车模型样例

如图14-17所示，样例中采用的具体方式是将车架后部沿轮辋的走势设计为弧形，并且在车架上安装了3个可以转动的齿轮。后轮的轮辋内部则设计成内齿轮的样子，与车架上的3个齿轮构成了一个齿轮系。车架上的齿轮中，位于最前端的齿轮与飞轮相连，接收来自脚蹬的动力，并传递给后轮。车架上的其余两个齿轮则起着支撑后轮的作用。如果还想进一步了解这个创意自行车的模型样例，我们可以在模型库中搜索"创意自行车"，并通过3D建模软件仔细观察创意自行车的各个部件，也可以将这些部件用3D打印机制作出来，尝试进行组装。

图 14-19　空心车轮自行车动力传动装置

此外，我们从图 14-17 中也可以看出，这个模型中的动力传动装置仍是通过牙盘—链条—飞轮的方式将脚蹬处的动力传递至后轮。

对创意自行车模型来说，动力传输的方式有很多，除了链条传动外，还有哪些方式可以实现脚蹬到后轮的动力传输？

请以小组为单位，参考前面给出的创意自行车模型样例，按照规划、设计、制作、评价的流程，尝试用 3D 打印方式设计和制作一个能动的创意自行车模型。可以从自行车外观、动力传输方式、部件形态特征等多个角度进行创意设计。

完成创意自行车模型的设计和制作后，我们需要对创意自行车模型的外观和动力传动效果进行评估。试一试创意自行车模型的脚蹬能否正常带动后轮转动。如果组装的创意自行车不能运转，请思考一下问题出在哪里，并对自行车模型的设计进行改进。

每个小组选出一位代表，向其他小组介绍本组的创意自行车模型的创意来源、设计思路、外形特征和功能特点，并展示本组的最终作品。

1. 小组自评

序号	评分项目及标准（满分 100 分）	等级 A	等级 B	等级 C	自我评价	教师评价
1	态度与纪律（15 分）	参与态度积极、遵守纪律（11～15 分）	参与态度一般，较遵守纪律（6～10 分）	参与态度不好，不遵守纪律（1～5 分）		
2	了解对自行车的基本结构（10 分）	通过学习、展示及成品质量等来证明达到熟悉的程度（8～10 分）	通过学习、展示及成品质量等来证明达到一般的程度（5～7 分）	通过学习、展示及成品质量等来证明还不太熟悉（1～4 分）		
3	参考书中的样例，完成一个自行车模型的 3D 建模设计（15 分）	通过学习、展示及成品质量等来证明达到熟悉的程度（11～15 分）	通过学习、展示及成品质量等来证明达到一般的程度（6～10 分）	通过学习、展示及成品质量等来证明还不太熟悉（1～5 分）		
4	基于自行车基本结构完成模型的打印组装（15 分）	通过学习、展示及成品质量等来证明达到熟悉的程度（11～15 分）	通过学习、展示及成品质量等来证明达到一般的程度（6～10 分）	通过学习、展示及成品质量等来证明不太熟练（1～5 分）		

续上表

序号	评分项目及标准（满分100分）	等级A	等级B	等级C	自我评价	教师评价
5	展示解说（15分）	解说详细、流畅、自信（11～15分）	解说详细度、流畅度、自信度一般，声音较小（6～10分）	解说过于简单、不流畅、缺乏自信，声音小（1～5分）		
6	创意设计（15分）	在二次设计中有自己的优良创意改造，可行性强（11～15分）	在二次设计中有一定的创意改造，可行性一般（6～10分）	在二次设计中很少或没有创意改造，可行性差（1～5分）		
7	分工合作与沟通（15分）	小组成员分工明确并实施优秀，成员间沟通良好（11～15分）	小组成员分工一般，有部分职责或人员分工没考虑到，实施一般，成员沟通一般（6～10分）	小组成员分工简单，许多职责或人员分工没考虑安排，实施较差，成员沟通不良（1～5分）		
8		小计				
总结与反思	从外形、创意、实用等角度评估一下本小组制作出的作品。与其他组的作品比，本组作品的优点和不足都有哪些？如何改进？					

2. 组间互评

序号	评价项目	评价内容
1	你觉得哪个小组制作的模型最好？	
2	对评价项目1中所选的小组，他们的自行车好在哪里，请举例说明。	
3	你觉得他们的自行车还有哪些地方可以进一步改进或完善。	

撰写创意自行车模型的项目报告

撰写一篇设计和制作创意自行车模型的项目总结报告。报告的内容应包括以下几个方面：
①项目概况；
②创意来源及其描述；
③项目中任务的总目标和分解目标（阶段目标）；
④项目实施过程中各环节的次序及完成时间；
⑤项目成果（自行车模型）的完成情况；
⑥对整个项目的自我评价和反思。

自行车的发展史

一般认为，自行车最早的起源可追溯到著名艺术家达·芬奇。20世纪60年代，人们在修复达·芬奇的手稿时，无意中发现了一幅画着自行车的草图。这可以算是自行车最早起源了。（注：该手稿是否真是达芬奇所画目前在学术界还有争议，这里只做介绍，不讨论其真伪问题）

在明末清初（17世纪），我国古代的两位科学家王徵和黄履庄也有关于"两轮小车""自行车"的设计和研究，但并没有实用性产品流传后世。

有史可考的第一辆可实用的自行车是由德国人德莱斯于1817年发明的。这辆自行车在一个木制的车架上安装了一前一后两个等大的轮子，并且在车架前部装有一个可以控制前轮方向的把手。这辆自行车并没有脚蹬、链条等部件，需要人骑在上面，用脚蹬地推动车子前进。这种自行车当时被称为"奔跑机"（见图4-18），虽然比较简陋，但在当时却是一个可以帮助人们省力的交通工具。

1839年，英国人麦克米伦研制出了一种新型的自行车，这种自行车前轮小、后轮大，并装有通过连杆和曲柄连接到后轮的脚蹬（图4-19）。骑车人通过踩动脚蹬使车子前进，骑行方式已经很接近现代的自行车了。

图14-18 "奔跑机"自行车

图14-19

1863年，法国人米肖对麦克米伦的自行车进行了改进，制作出一款前轮大、后轮小的自行车，这种自行车一度作为热门的代步工具风靡法国和美国等地。

1885年，英国人斯塔利设计了一款名为Rover的自行车，这款自行车基本具备了现代自行车的结构和样式：两个等大的轮子、向前倾斜的前叉、牙盘和链条、后轮装有飞轮以及安装了刹车装置。1889年，另一位英国人邓路普首次为自行车设计了充气的橡胶轮胎。

到19世纪90年代，现代自行车的整体结构基本定型。

第十五单元　设计和制作电动小车

在前面各单元的学习中，我们已经学习运用3D建模和3D打印技术制作了一些用具或模型。在3D打印技术的专业应用中，3D技术与其他各类技术的综合使用是比较常见的。本单元，我们将以电动小车为例，看一看3D打印技术与简单电路如何结合，并尝试制作一辆电动小车。通过本单元的学习，我们可以初步体验3D打印技术与其他技术的结合，并感受其应用的广泛性。本单元使用设备和材料除了3D打印的相关设备、软件外，还需要用到电动机、电池盒、电池、开关、导线、扎带、万能胶等装置和材料，以及卡尺、直尺、彩色画笔等工具。

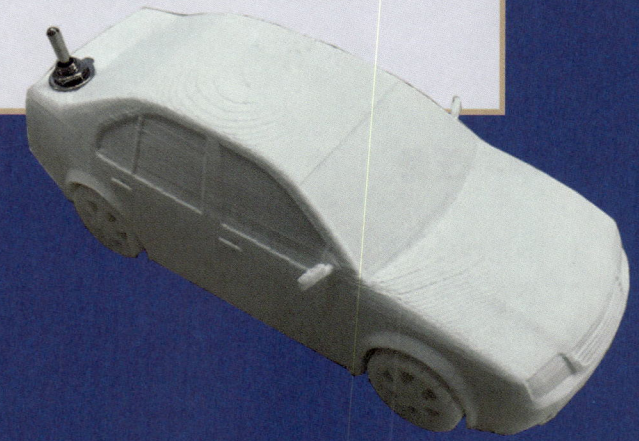

基于3D打印的综合实践活动（初中）

情境导入

　　在如今的日常生活中，汽车是一种很常见的交通工具，在城市里可以说随处可见。这种四个轮子的交通工具，可谓是人类近代最伟大的发明创造，也极大地改变了人类社会的生产生活方式。汽车的发明源于第一次工业革命，第一辆现代意义上的汽车出现于1885年，标志着人类在交通运输方面进一步用机器替代了畜力。从19世纪末汽车被引入中国以来，经过100多年的发展，目前汽车已经成为我们生活中最为重要的交通工具之一。

　　为有效缓解能源和环境压力，促进我国汽车产业转型升级，国家将发展新能源汽车确定为国家战略。电动汽车因其不排放污染大气的有害气体而作为国家战略予以重点支持。电动汽车是指以车载电源为动力，用电机驱动车轮行驶，符合道路交通、安全法规各项要求的车辆。电动汽车的发展有利于节约能源和减少二氧化碳的排量。由于对环境影响相对传统汽车较小，还有效地减少对石油资源的依赖，绿色环保的电动汽车被各国广泛看好，成为全球发展的趋势。但是，由于电池的技术还不够成熟，例如续航里程较低、制造成本较高等，因此目前的电动汽车普及的难度较大。这也就需要我们的科学家和工程师们继续发挥工匠精神，精益求精，提高技术水平，让电动汽车更快更好地为人类服务。

　　虽然现在汽车结构十分复杂，但若回顾汽车的发展历史，我们会发现汽车运动的基本原理本身并不难理解。简而言之，汽车的运动实际上是将发动机产生的动力传动至车轮上，进而使汽车前进或后退。本单元，我们就通过设计和实践，体验制作一辆电动小车的过程。

学习任务

1. 知道四轮电动小车运动的基本原理；
2. 体验小车的设计过程，完成电动小车的设计方案（设计图）；
3. 运用3D建模、3D打印技术制作电动小汽车模型；
4. 完成电动小车的组装，并连好电路；
5. 试用电动小车，看看小车能否顺利地跑起来。

活动 1　认识电动汽车

1. 汽车发明至今动力类型有哪几种？
2. 电动车是汽车发展的趋势，相比传统汽车有什么优势？

汽车的发明历史可以追溯到 18 世纪，1769 年法国工程师古诺发明了世界上第一辆蒸汽机汽车。这辆汽车有三个轮子，采用外燃式蒸汽机作为动力。但由于蒸汽机本身过于笨重，很快人们就发明了内燃机并逐步取代了蒸汽机。1876 年，德国发明家奥托发明了四冲程内燃机，为现代意义上汽车的发明奠定了基础。

一般公认的第一个发明汽车的人是德国工程师卡尔·本茨（Karl Benz），他在 1885 年发明世界上第一辆三轮汽车，他也是德国著名的奔驰公司的创始人。第一辆四轮汽车诞生于 1886 年，由两位德国人戴姆勒与迈巴赫合作制造。进入 20 世纪后，美国工程师亨利·福特首次采用流水装配线的方式大规模生产汽车，使汽车的制造成本大幅下降，汽车也开始逐渐成为一种大众化的商品。

当然，我们要制作一台内燃机有困难，不过在设计和制作小车的时候，可以用电动机来代替内燃机作为小车的动力来源。按照电动机工作的电路图（见图 15-1），只需要将电动机、电源（电池）、开关用导线进行顺次连接，电动机就可以工作了。

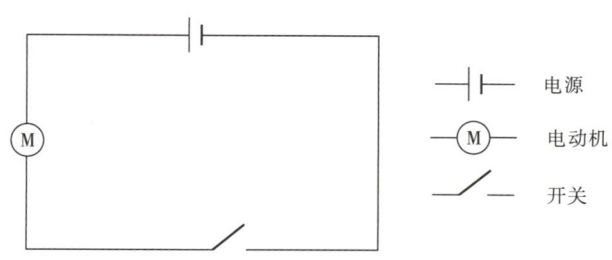

图 15-1　电动机工作电路图

在电动机可以正常工作的前提下，一辆四轮小车要动起来，就需要将电动机产生的动力传导到车轮上。现实中的汽车（四轮汽车）发动机将动力传导至车轮上的方式一般有前轮驱动、后轮驱动、四轮驱动等，最常见的轿车大多为发动机前置，采用前轮驱动。最简单的情形下，我们可以在电动机上加装齿轮，同时在连接两个前轮的车轴上也加装齿轮，通过两个齿轮的啮合，就可以将电动机的动力传导至车轮上了。

通过电动小车的结构简图（图 15-2），我们可以看到，图中的电动机、电池（电池盒）、开关通过导线连接在一起，电动机通过齿轮将自身的转动传导到小车前轮轴上。图 15-3 是另一种采用冠状齿轮进行运动传导的设计方案。对电动小车来说，由于电动机的位置可调，因此前轮驱动与后轮驱动的情况基本相同。

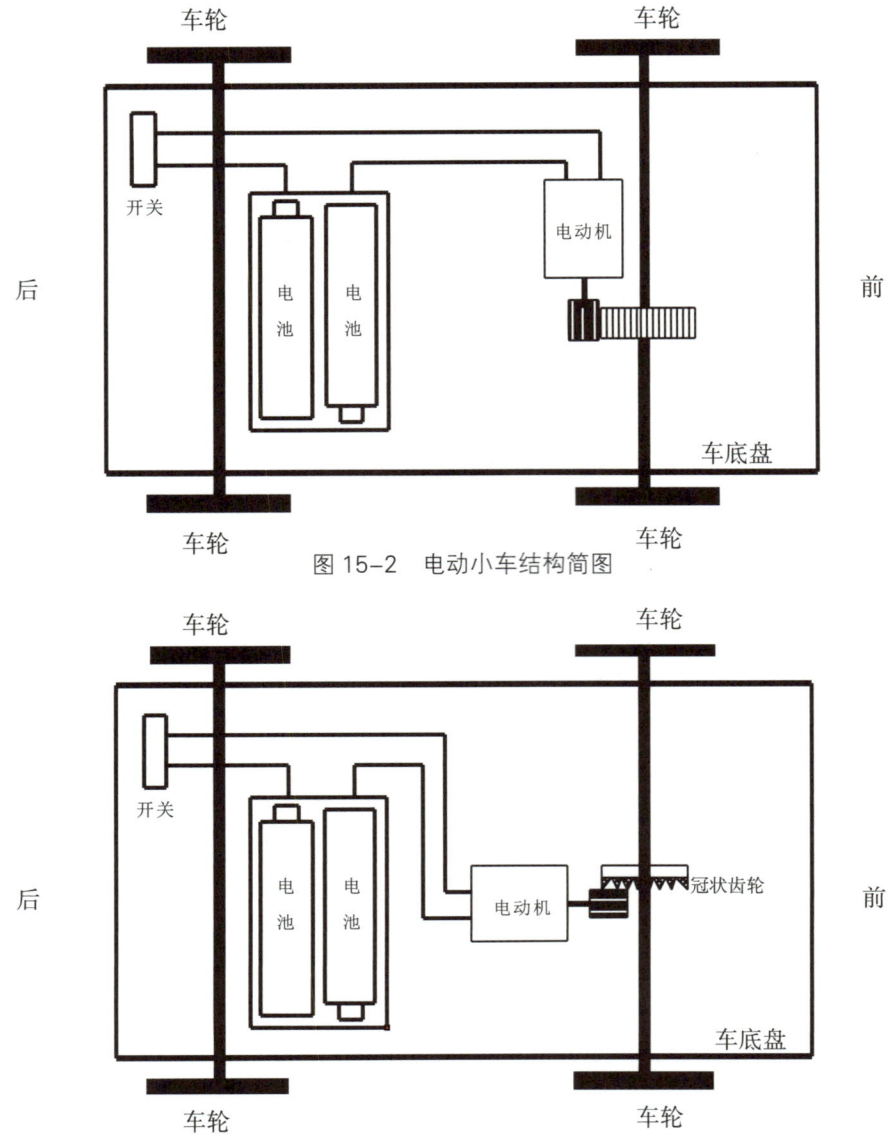

图 15-2 电动小车结构简图

图 15-3 采用冠状齿轮运动传导设计图

采用电动机作为四轮小车动力时，我们还需要关注一些关键问题。具体涉及电动机与车轴之间的传动比问题、电动机功率的问题、车轴和小车行驶方向的问题、车轮的问题等。下面，我们来逐一探讨这些影响电动小车运动的细节。

1. 传动比

在电动机与车轴之间进行运动传递的过程中，我们需要知道传动比的情况。齿轮副的传动比在本书第十一单元曾经讨论过，传动比指的是两个齿轮的角速度之比。在电动小车中，传动比是电动机齿轮的齿数与轴齿轮的齿数之比（见图15-4）。传动比越大，小车车轮空转时的转速越高；传动比小，小车车轮的牵引力越强。

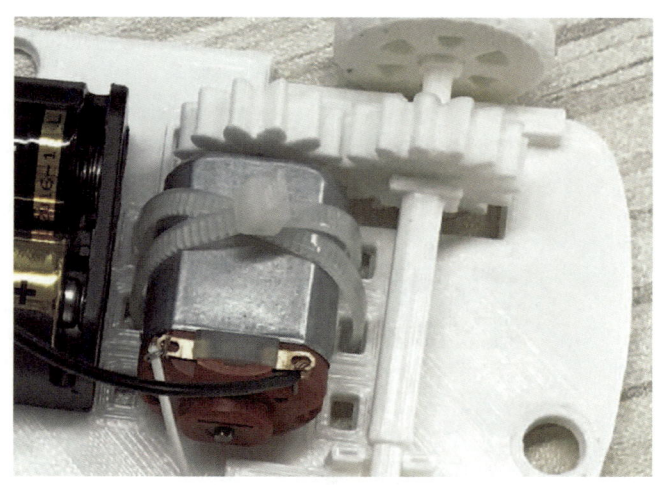

图 15-4　电动机齿轮与车轴齿轮

2. 输出功率

小车上的电动机虽然转速很快，有些电动机的空转速度高达 200～300 转/秒，但这些电动机一旦安装在小车上，电动机的转速就会降下来。这是因为电动机的总输出功率是有限的，当没有负载（即没有阻力）时，电动机的转速很大。而一旦有了负载，电动机的转速就会下降，并且负载越大，转速下降的幅度也会越大。电动小车的电动机输出功率（P）、克服负载的牵引力（F）、速度（v）这三者关系满足：

$$P=Fv$$

3. 行驶方向

在电动小车行进时，前后轮的方向将决定小车是沿直线行进或是转弯。当前后轮方向相同时，小车会沿直线行进；当前后轮方向有角度偏差时，小车会向左或右转向（如图 15-5 所示）。因此，如果我们想让小车沿直线行进，就需要想办法确保前后轮子的方向始终是相同的。在电动小车中，轮子与车轴始终垂直。要确保前后轮子的方向一致，就需要通过车底盘的轴孔，使前后车轴保持平行。

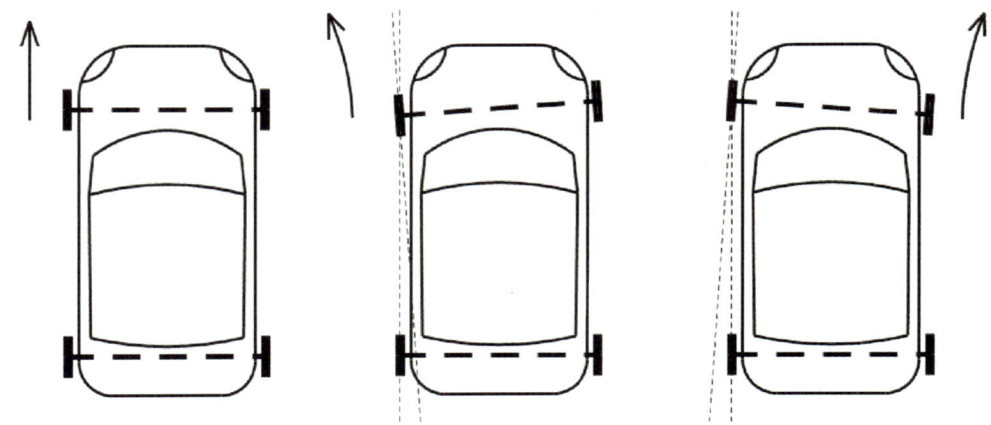

图 15-5　小车车轮方向与行进方向示意图

4. 车轮

现实中汽车的车轮大多是橡胶和金属材质制成的轮胎，这些轮胎在汽车行驶过程中承载车的重量，并在车的加速、减速时提供必需的摩擦力。采用 3D 打印制作车轮时，由于打印材料本身不具备橡胶那样较好的弹性,因此需要在车轮表面多设计一些花纹,以增加车轮与地面的摩擦力。图 15-6 所示,是 3D 打印的车轮。

图 15-6　3D 打印的车轮

活动 2　制作一辆四轮电动小车

在了解电动小车的基本原理和主要结构之后,我们就可以用 3D 打印方式,设计并制作一辆四轮电动小车。四轮电动小车的设计和制作过程,我们按照规划、设计、制作、评价 4 个阶段来进行。

工程规划

根据电动小车的基本原理和主要结构,以及组内成员的特长、兴趣,在组内充分讨论后完成小车制作的整体规划方案。设计和制作一辆电动小车的难度较大,小车本身的零部件较多,需要在规划阶段初步勾画出一辆电动小车的大致形态(外观类型和车底盘及动力装置大体结构)作为任务分工的基础。

组内分工:

工作内容	具体分工与负责人	预计耗时	完成情况
全面组织工作(组长)			
画图			
修改模型			
打印机操作			
创意改进			
展示介绍			
其他			

3D建模

电动小车的设计包括3个部分：小车的结构设计、小车的外观设计、小车的各部件等。根据规划中的小车大致形态，上网查找一些资料，如常见小轿车的长、宽、高比例，车轮间的轴距，小车的外形等等，作为设计时的参考资料。电动小车的外观设计上，也可以多参考实际生活中各类四轮汽车的样式，或者展开联想，设计出更具个性化和想象力的小车外观。

具体的设计环节包括：

1. 绘制草图

确定了初步的设计方案后，我们需要分工完成电动小车的草图绘制工作。草图绘制时需要考虑到车的整体形状、大小，每个部件的具体尺寸，部件之间如何组装等问题。尽管只是设计草图，但我们在设计时仍应该尽量将各个零件的参数确定下来，使后面的3D建模工作有据可依。

2. 各部件的3D建模

完成草图绘制后，我们就可以依据草图对电动小车的零部件（除了电动机、电池盒、导线、开关）进行3D建模了。由于需要建模的部件较多，特别是车的整体外形建模比较复杂，因此这里也需要组内成员依据参数分别进行3D建模工作。

3. 讨论与修改

在完成3D建模工作后，小组内部参照已经建好的模型和设计草图进行一次内部讨论。讨论的重点包括：①按现在的设计，从结构上讨论小车的动力装置能否正常工作；②从工艺层面看各部件和小车外观的3D模型是否都能用3D打印机制作出来；③从组装实践的角度看，各部件之间结合的方式是否合理，所有部件最后能否组装成一辆电动小车。

讨论后如果发现目前所做的设计有问题，就需要进行调整和修改。如果讨论后组内成员一致认为设计方案没有问题，那么整个工程就可以进入部件制作和小车组装环节。

此外，由于采用的是3D打印技术来制作小车的一部分部件，因此3D打印本身的一些局限性，也应该纳入本组设计时的考虑范围：

（1）3D打印机的打印制作范围有限，因此小车整体尺寸（大小）不能太大。

（2）如果我们设计了齿轮、螺丝、车轴等部件，并计划使用3D打印机来打印制作时，需要考虑到3D打印材料的强度问题，这些部件不能设计得太小。如果这些部件设计得太小，3D打印材料的强度可能无法承受小车行驶时的各种作用力，进而发生断裂。

（3）设计电动小车这样的作品时，同样需要对3D打印的总时间有所估计。打印制作的时间可能很长，需要思考如何去安排时间才能更为合理、有效。

下面，我们来看一个比较典型的电动小车实例，作为设计的参考。

电动小车从整体上可以分为外车壳部分和底盘部分两大模块。其中外车壳部分的设计决定了电动小车的外观，而底盘部分的设计则决定着动力结构和行驶效果。小车底盘部分由车底盘、电动机、电池盒、开关、前后车轴、前后车轮等8个主要部件构成。其中车底盘、车轴、车轮用3D打印方式来制作，电动机、电池盒、开关等直接使用成品装置（见图15-7）。此外构成小车动力结构所需要的齿轮也用3D打印来制作。

图15-7　电池盒、电动机和开关

如图 15-8 所示，样例小车的底盘尺寸为 142 mm × 55 mm。底盘上的结构看上去比较复杂，其各部分功能如图中所示：底盘的上下左右边缘各有 1 个圆孔，是底盘与车外壳组装时的螺丝孔（图 15-8 中的蓝色框所示）；右上方的长方形孔是为齿轮位置预留的齿轮槽，因电动机的轴、前轴与底盘之间的距离一般不足以放置齿轮，故需要在底盘预制齿轮槽；底盘中间的 6 个方形孔和 2 个圆形孔分别是用于固定电动机和电池盒的扎带孔，扎带可以从孔中穿过，将电池盒与电动机固定在车底盘上（如果用胶将电动机和电池盒粘在底盘上，就不需要这些扎带孔了）；底盘上还有 4 个凸起的轴槽，用于放置前后车轴，并固定前后车轴的位置。

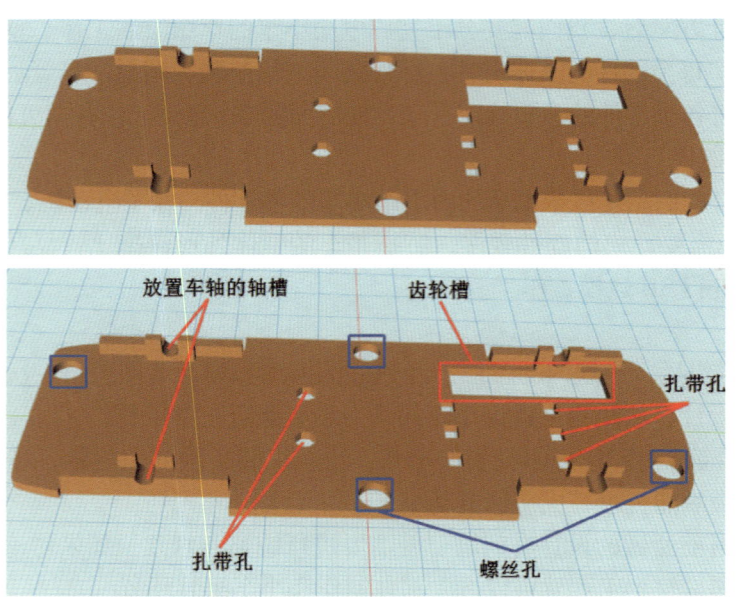

图 15-8　小车底盘的 3D 模型和各部分功能

样例小车的前后车轴以及动力结构中所用齿轮的 3D 模型如图 15-9 所示。两根车轴的长度为 58.5 mm，其中前轴上有一个凸起，用于固定传动齿轮的位置。车轴中间较细的部分是圆柱，用于在轴槽中转动，两头和中间部分则是正八边形，用于与传动齿轮、车轮进行连接。两个传动齿轮中，较小的一个中间为圆形孔，组装时套在电动机上（小齿轮中间孔的半径略小于电动机轴的半径），较大的一个中间是正八边形孔，组装时套在前轴上。从两个齿轮的齿数（小齿轮 12 齿、大齿轮 15 齿）上可以看出，这两个齿轮构成一个减速齿轮副。减速齿轮副可以增大电动小车的牵引力。

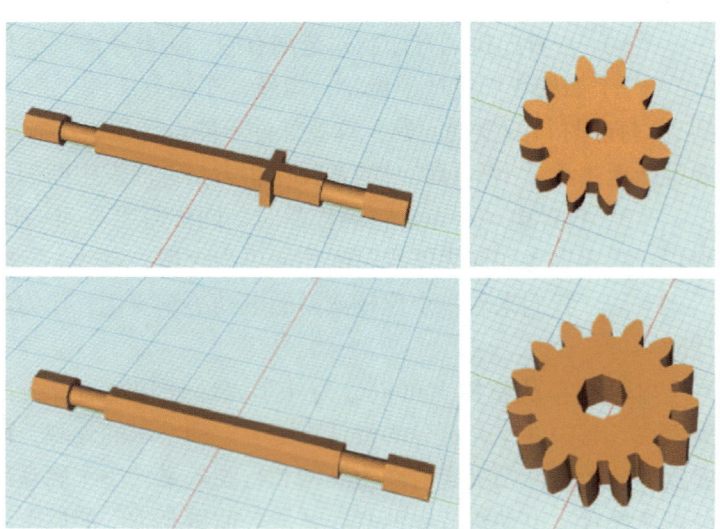

图 15-9　前后车轴与齿轮的 3D 模型

图 15-10 所示是样例小车的车轮 3D 模型。车轮的直径为 23 mm、高 7 mm，表面有一些增加摩擦力用的花纹。齿轮的反面有一个正八边形凹洞，用于与车轴连接。

图 15-10　车轮的 3D 模型

图 15-11 所示是样例小车的外车壳 3D 模型。车壳的长为 157 mm、宽为 69 mm、高为 44 mm。可以看出，车外壳的长和宽要略大于车底盘的。除了装饰性设计外（如车窗、车灯、反光镜等），在结构上，样例小车的车外壳有三个地方值得注意。一是在车尾部（后备箱位置）有一个圆孔，用于伸出小车的开关。我们自己设计电动小车时，开关不一定在车外壳的后备箱处，也可以选在车尾灯、车门或车底等地方，但一定要记得预留出开关的位置。二是车外壳的四个轮子处有与车底盘配套的轴槽，其功能与车底盘的轴槽相同。设计车外壳时，需要确定车外壳的轴槽与车底盘的轴槽位置能够对应。三是车外壳的内部还有四个螺丝孔，用于车外壳与车底盘的组装。同样，车外壳上的这四个螺丝孔的位置也需要与车底盘的螺丝孔一一对应。

图 15-11　外车壳的 3D 模型

除了上述的车底盘、轴、齿轮、车轮、车外壳等部件外，组装时用的螺丝也可以采用 3D 打印来制作。螺丝的具体形式（单独使用螺栓，或使用螺栓与螺母）及尺寸参数，则需要根据电动小车各部件的具体设计情况来确定。

我们可以在模型库中搜索"电动小车"，逐一将电动小车的部件导入 3D 建模工具中进行观察和分析，也可以将它们打印出来自己组装一下，进一步了解样例小车的结构。

在实际进行电动小车设计时，可以在参考样例小车 3D 模型的基础上进行二次设计，也可以根据组内的调查、讨论结果，设计出全新结构的电动小车。

打印制作

完成电动小车的设计后，我们就可以用 3D 打印机来制作电动小车的各个部件了。经过了前面各单元的学习，使用 3D 打印机制作电动小车的零部件对我们来说已经不是一个难题。在打印制作时，我们还需要注意两点：一是需要观察并思考各个部件在打印时是否需要增加支撑或底座；二是小车的整体尺寸较大且零件较多，全部打印制作需要的时间较长，需要进行时间上的统筹安排。

在完成打印制作后，我们还需要对小车的各个部件进行一些后期处理，如拆掉支撑物或底座，用砂纸对车轴、轮子等部件进行必要的打磨等。

准备好电动小车的所有部件（参见图 15-12）后，接下来是进行小车的组装。一般来说，组装时需要先装好小车底盘上的各个部件，最后再将小车底盘与车外壳组合在一起。电动小车的具体组装方式与过程，取决于小车的设计方案。下面我们以样例小车的组装作为参考，看看组装过程中的一些要点。

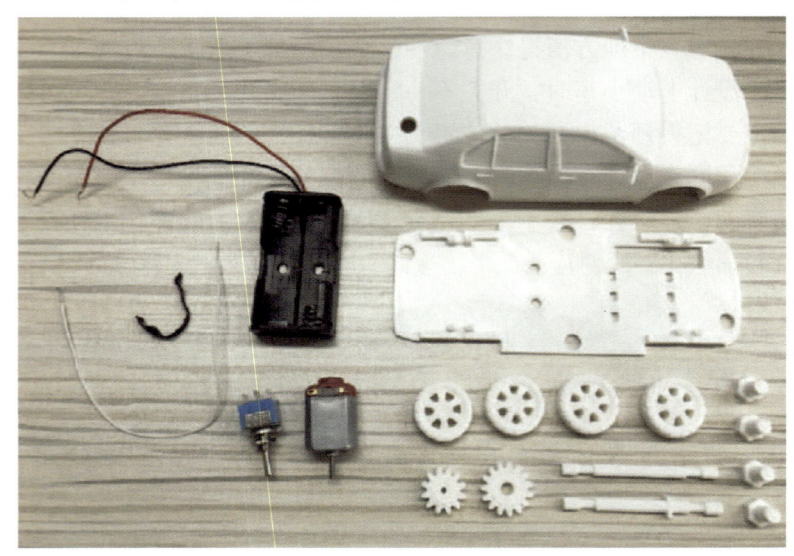

图 15-12　电动小车样例的所有组装部件

在组装样例小车时，需要将制作好的小齿轮套在电动机的轴上。由于小齿轮中间的孔在设计时略小于电动机轴的半径，因此在组装时需要我们用力将齿轮"硬"套在电动机的轴（见图 15-13）上。如果小齿轮与电动机结合后发现太松，则需要重新制作，缩小齿轮中间的孔；也可以考虑使用万能胶将齿轮与电动机进行粘合。

电池盒与电动机可以通过扎带固定在车的底盘上。固定之后的电动机齿轮应刚好处于底盘上的齿轮槽中（见图 15-14）。使用准备好的导线，将电池盒、开关、电动机连接起来，组成电路。这时，我们可以在电池盒中装上电池，并打开开关试一下电路是否接好（见图 15-15）。样例小车中的开关不需要固定在车底盘，而是穿过车外壳预留的孔，固定在车的外壳上（见图 15-16）。

图 15-13　齿轮套在电动机轴上

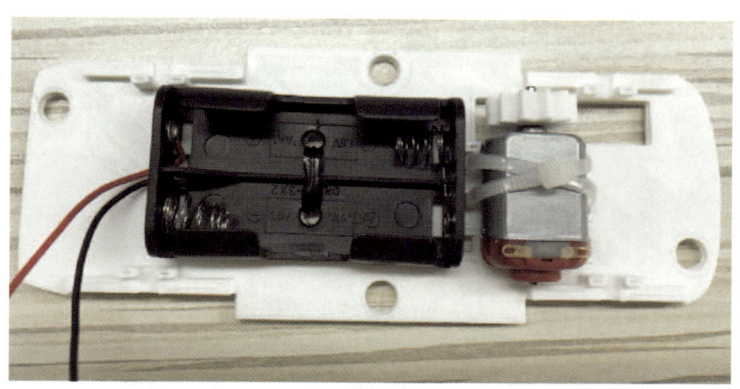

图 15-14　电动机齿轮放置到齿轮槽

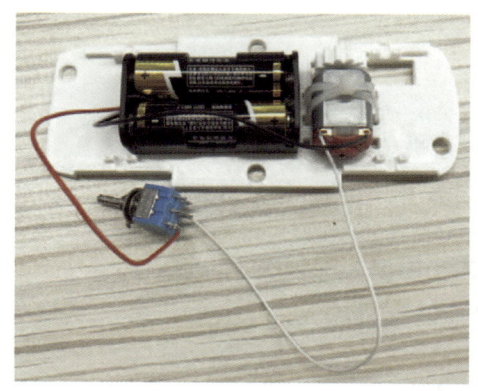

图 15-15　安装电池

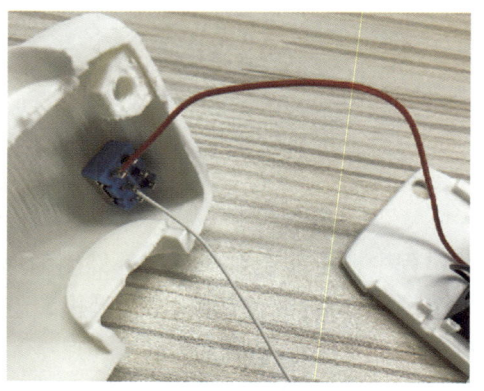

图 15-16　小车开关的安装

为小车加上轮子时，我们可以先将车轮、前轴上的齿轮分别安装在车的前轴和后轴上（见图 15-17）。然后再将车轴安装在底盘中适当的位置（见图 15-18）。车底盘的所有部件组装到位后，我们可以将车外壳与车底盘组合在一起，并安装螺丝。这样，整个小车的安装就完成了（见图 15-19）。

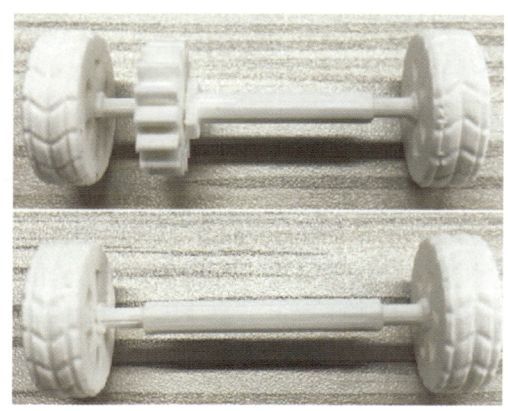

图 15-17　安装车轮及前轴上的齿轮

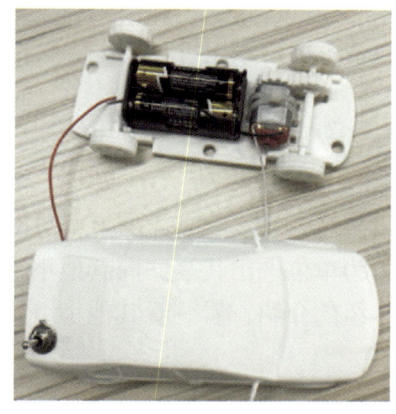

图 15-18　安装车轴

图 15-19 安装完成的小车

 电池要在车外壳和车底盘组合前先装进电池盒。

在组装过程中，可能会发现有些部件因为形状、大小等原因安装不上。这就需要小组成员重新审视本组的小车设计方案，看看问题出在哪里，怎么进行设计上的改进。

组装过程中，我们还需要注意以下 3 点：

（1）组装好电路后，需要注意一下电动机的转动方向。如果电动机的转动方向反了，需要调换电动机上两个接线柱上的导线。

（2）样例中我们固定电池盒与电动机使用的是扎带。实际制作时，也可以使用螺丝、胶水等对它们进行固定。需要注意的是，不是所有胶水都适用于 3D 打印材料，普通胶水、固体胶棒等一般是无法粘住常用 3D 打印材料的，需要使用万能胶、速干胶等。

（3）如果在实际操作中也像样例这样，使用白色打印材料制作小车，那么在完成组装后，我们还可以用彩色水笔对小车进行涂色，制作出更美观的电动小车。

完成组装后，将本组完成的模型与设计图进行对比，看看是否与设计图的预期相符。

以小组为单位选出代表，向其他小组介绍一下本组作品制作过程，并展示作品。同时，也要认真聆听其他小组的介绍，看一看其他小组的设计和制作成果有哪些特点。对比一下本组的作品，看看谁做的更好。

思考样例模型中还有哪些地方可以改进？

试一试

完成安装后，我们可以试用一下电动小车，看看小车能否跑起来。如果在试用时发现小车开不动，可以参照表 15-1 中列出的项目，进行对应的检查，看看问题出在哪里。

表 15-1　小车试用时可能出现的问题及原因

序号	试用现象	可能的原因	处理方式
1	小车的轮子转不动	前轴或后轴没有安装好，有地方卡住了，或被胶粘住了	查看前轴或后轴，看看卡在哪里，并处理卡住的地方
2	小车的电动机不转	忘记安装电池，或电路中某个接点的导线没有接好	检查小车底盘的电路，找到问题所在
3	拿起小车后轮子空转能动，但放在地上小车不走	电动机产生的牵引力不足，或小车太重	改变电动机上小齿轮的齿数和大齿轮齿数之比，增加牵引力；减小车外壳的质量
4	小车能走，但方向乱变	轴槽没能固定车轴的方向	看看轴槽宽度，如果轴槽的宽度超过轴的直径较多，就需要减小轴槽的宽度

比一比，议一议

完成电动小车的组装之后，我们可以将做好的小车与其他小组的作品比一比，看看哪个小组设计和制作的小车更有特点。

电动小车的比赛可以从以下三个方面进行比较：

（1）速度最快的车——在平直跑道上进行竞速比赛，看看哪个小组的车最快。

（2）牵引力最强的车——在电动小车的后面挂上重物，然后让小车爬坡，比比哪个小组的小车能挂上最多的重物。

（3）外观最漂亮的车——组织各小组对其他小组的小车外观打分，看看哪组得分最高。

如果你所在小组的车在速度、牵引力性能上，没有其他小组的车性能好，思考一下怎样提高车的速度或牵引力。能否通过修改设计来改变电动小车的性能？

1. 小组自评

序号	评分项目及标准（满分100分）	等级 A	等级 B	等级 C	自我评分	教师评分
1	态度与纪律（15分）	参与态度积极、遵守纪律（11～15分）	参与态度一般，较遵守纪律（6～10分）	参与态度不好，不遵守纪律（1～5分）		
2	知道电动小车的基本工作原理（10分）	通过学习、展示及成品质量等来证明达到熟悉的程度（8～10分）	通过学习、展示及成品质量等来证明达到一般的程度（5～7分）	通过学习、展示及成品质量等来证明还不太熟悉（1～4分）		
3	参考书中的样例一起完成电动小车的设计（15分）	通过学习、展示及成品质量等来证明达到熟悉的程度（11～15分）	通过学习、展示及成品质量等来证明达到一般的程度（6～10分）	通过学习、展示及成品质量等来证明还不太熟悉（1～5分）		

续上表

序号	评分项目及标准（满分100分）	等级A	等级B	等级C	自我评分	教师评分
4	能使用3D打印机制作小车部件，并完成小车的组装（15分）	通过学习、展示及成品质量等来证明达到熟悉的程度（11～15分）	通过学习、展示及成品质量等来证明达到一般的程度（6～10分）	通过学习、展示及成品质量等来证明不太熟练（1～5分）		
5	展示解说（15分）	解说详细、流畅、自信（11～15分）	解说详细度、流畅度、自信度一般，声音较小（6～10分）	解说过于简单、不流畅、缺乏自信，声音小（1～5分）		
6	创意设计（15分）	在二次设计中有自己的优良创意改造，可行性强（11～15分）	在二次设计中有一定的创意改造，可行性一般（6～10分）	在二次设计中很少或没有创意改造，可行性差（1～5分）		
7	分工合作与沟通（15分）	小组成员分工明确并实施优秀，成员间沟通良好（11～15分）	小组成员分工一般，有部分职责或人员分工没考虑到，实施一般，成员沟通一般（6～10分）	小组成员分工简单，许多职责或人员分工没考虑安排，实施较差，成员沟通不良（1～5分）		
8	小计					
总结与反思	从外形、创意、实用等角度评估一下本小组制作出的作品。与其他组的作品比，本组作品的优点和不足都有哪些？如何改进？					

2. 组间互评

序号	评价项目	评价内容
1	其他小组完成电动小车中，你认为哪个小组的小车性能最好	
2	你认为哪个小组完成的电动小车最好看、最新颖	
3	你认为其他小组完成的小车有哪些优点是值得本组学习和借鉴的	

1. 设计一款创意电动小车

尝试从外形、功能、性能等角度出发设计一款创意电动车，画好图纸、并进行3D建模。

2. 撰写一篇制作电动小车的项目总结报告

报告的内容应包括以下几个方面：

①项目概况；

②项目中任务的总目标和分解目标（阶段目标）；

③项目实施过程中各环节的次序及完成时间；

④项目成果的完成情况（从电动小车的速度、牵引力、外观等方面进行描述）；

⑤对整个项目的自我评价和反思。